ていねいな暮らし

ここちよい生活歳時記

吉沢久子
yoshizawa hisako

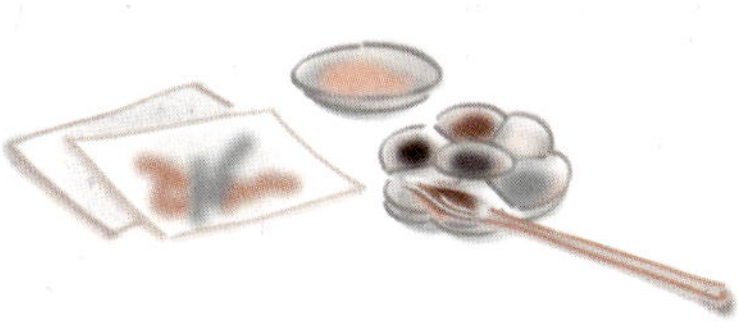

清流出版

目次

春の章

木々や鳥たちと過ごす
住みなれた家で

夏の章

暑い夏を元気に
気持ちよくくらす

秋の章

冬の章

あわただしい日々も心豊かに

装幀・本文デザイン――こやまたかこ
カバー・本文イラスト――寺尾眞紀

春の章

木々や
鳥たちと過ごす
住みなれた家で

春を感じるしぐさ

春先の庭に集まる小鳥たち

一日一日と、日足がのびているのがわかる春先、私は、庭にくる小鳥たちを見るのをたのしみにしている。お正月前後の頃とは違って、餌を探すしぐさが何だかおっとりとしているように見える。

師走の頃は、まだ日があるのに木から木へ移るのも素早かった。土の上で何かをついばむ雀《すずめ》の姿など、見ている私の方が気ぜわしくなるほどせっかちに動いていた。

とりわけ落ちつきのないうぐいすは、いつも二羽がいっしょで、少しもじっとしていない。ほんのいっときの訪問で、低い木を飛び交って、すぐお隣さんの庭に飛んでいってしまう。毎年同じうぐいすがきているわけではないだろうに、いつも同じようにコースがきまっているのを面白いと思って見ているが、せかせかしているのはうぐ

いすの習性なのだろうか。家の中から見ているので、ときどきメジロと見間違える。机の上にオペラグラスを置いて、目のまわりが白いかどうかをたしかめたりしていた。
今年は小鳥たちの訪問がめっきり減った。昨年の冬までは、干柿やみかん、りんごなどを木の枝にさしておいたり、雀のためにパンくずを木箱に入れてベランダに置いていたが、こういう餌を出しておくと、どこで情報が伝えられるのか、カラスやヒヨドリ、尾長など大きめの強い鳥たちが集団でワッと押し寄せ、本当に「食い荒らす」という状態にして去っていくので、ごちそうを出しておくのはやめようと思った。
そのかわり、餌の少ない時期に小鳥たちが群れるキンカンは実をとらず、ちょうど花のない時期の花代わりに小鳥たちの分ときめている。

近所の子供たちのくもりない信頼

　春先の庭にくる小鳥たちは、落ちついているとはいえないが、そのしぐさは私の気のせいか、おっとりとしているように見える。もしかするとそれは、うちの御近所の幼い子供さんたちを見ていての感想とだぶっているのかもしれない。

　この頃、街なかでは幼い子の遊ぶ姿をほとんど見ない。私の家の前は細い道なので、小学校へいく子の通り道として親たちが教えているのかもしれない。この近くの家に用事のある車しか通らないから、子供たちの歩く道としては安全といえる。ランドセルが歩いているような小さい子たちがよく通る。その子供たちの足の動きが、一番寒い季節を過ぎた頃から、ゆったりとしているのがわかる。友達と話しながら通り過ぎる声にも、くぐもったようなところがなくなった。ごみを出しに門の外に出ると、小学生たちと顔を合わせることがあるが、そのしぐさは、あの寒中の頃とは違う。寒中にひざ小僧を出して短いズボンで歩いていたときとは違い、背がまっすぐに伸びている。それに、舗装した道路の割れ目に出ている、道ばたのいぬふぐりの花に目をとめ

て、

「こんな小さな花が咲いてるよ」

と、話し合ったりしている。長年ここに住んでいるので、学校通いの子供たちの姿をずっと見てきたが、ときどき「今朝は寒いわねえ」なんて声をかけてみると、この頃は気味わるそうに顔を見られたりする。ああ、そうかと思って笑ってしまう。子供が誘拐される例を見ている親たちは、

「知らない人に声をかけられても、ついていってはいけないよ」

と、いい含めているのだろうと気づいて、そんなことを教えなければならない世相を、親たちはさぞ辛い気持ちで受け止めていることだろうと思う。無邪気な子供たちの心が、知らない人に声をかけられただけで凍ってしまうのだから。

その点、御近所のお子さんたちは私を知っているから、子供の方から声をかけてくれる。ついこの間生まれたばかりのように思っていたお向かいの坊やが、まわらぬ舌で話すようになり、私の顔を見ると、いつも、

「ばあばを呼ぼうか」

という。おばあちゃまの友達だと思っているのだろう。そのお隣の女の子は、

「ねえ、おばあちゃんは、うちのおじいちゃんのお友達なの?」

と私に問いかけたりする。女の子のお父さんもこの地で生まれ育った人だ。赤ちゃんの頃はおばあちゃまに手を引かれて、私の飼っていたアヒルを見に毎日やってきた。そんなつきあいの中で育った幼児は、くもりない信頼で私を受け入れてくれているが、あどけない子供たちの表情を、かわいいなと私は思う。

今日は腕をニョッキリ出して、泥いたずらをしているお向かいの男の子を見かけて「何してるの?」と声をかけてみた。むちっとした腕を上げて玩具のスコップを見せた子供らしいしぐさが、いかにもかわいい。お父さんが花の苗を植えているのを手伝っているつもりのようだ。春を感じさせる子供の姿だと思った。

小さなしあわせを拾って

庭の小さな蕗の薹をみそ汁に

デパートやスーパーマーケットの生鮮食品売場には、年の瀬の頃から並んでいたが、きれいに形をそろえてパックされた、作りものみたいな蕗《ふき》の薹《とう》は、どうも私には使う気になれない。

それが、うちの庭の重なった落ち葉の下に、見えがくれしている小さな蕗の薹を見つけたら、ああ、もう春は近いんだと思い、淡い緑の頭を出したばかりのそれが、待っていた人に逢えたような喜びの対象になった。一ヶでも、いや頼りなげな一ヶだから、みそ汁に散らして味わってみたくなった。

毎年、新潟の実家から送られてくるという山菜を友人から分けてもらうが、いつもその中に、あんまり姿のよくない蕗の薹が入っている。「採る時期がおくれるので」

とのいいわけつきで、茎が伸び、花が咲いてしまっていたりするのをもらうのだが、自宅の山のものだからいとおしいのだと、私にも分けてくれるのがうれしい。私は、いいところだけを刻んで鷹の爪を加え、佃煮にしておく。小さな蓋ものひとつ分くらいしかできないが、大事にたべる。

毎年、うちの蕗の薹が見つかると、最初に私は西京みそを使ってはんぺんの実のみそ汁を作る。ほんのわずかの量でも、こまかく刻んでみそ椀にはらりと散らし、やや甘いとろっとしたみそ汁を味わう。

幼い頃の記憶だが、私の家では祝いごとがあると「あかのごはん」と呼んでいた小豆の炊き込みごはんと、ふだんはたべない白みそにはんぺんのみそ汁が食卓に出た。その思い出のせいか、蕗の薹を見つけると西京みそで作った甘いみそ汁がたべたくなる。はんぺんではなく、焼いた切り餅を入れて、こまかく刻んだせりかみつばをたっぷり散らすのも好きだ。

一度だけだが、京都のさる旧家にお願いして、昔からの正月料理をたべさせていただいたことがある。そのときの、お雑煮の味を思い出すせいかもしれない。育ちの記憶の中にはなかったお餅と甘いみその出会いの味を、なつかしむ気持ちかもしれない。

旬の味をたのしむ豊かさ

今は、お餅は一年中コンビニでも買えるたべものだが、かつてはお正月か、特別の日にしかたべられないものだったから、私には、お餅は何かのお祝いと結びつく、うきうきした気持ちでたべるものだった。白みそも、私には、いつも祝いごとと結びついた味だった。

私ごとだが、関東ではあまりなじみのなかった白みそを使って、ささやかな祝いの膳にのせた東京生まれの母親が、どこでそれをおぼえたのだろうかと、大人になってから思ったことがあるが、その頃にはもう母は亡くなっていた。

誰かにきいてみればよかったのだが、今は親類じゅうで私が一番年上になってしまったので、何かときかれることはあっても、私にはきく人がいない。誰かの影響であろうというようなごく個人的なことは、身近にいた人の口からきくしかないと思うから。

それはともかくとして、正月にしかたべられなかったお餅の味は、今のように、いつもコンビニで買える、しかも一ヶずつパックされてカビの心配もないお餅の味とは違っていた。むかし、お年玉とは、一家の長から家族それぞれが自由にたべられるお餅を与えたものだったときいているが、貴重な晴れの日のたべものだった。私の年齢でさえ、もうそれを知らない。しかしお餅には格別の思いがまだ私にはある。

一人ぐらしの今は、正月以外にも好きな土地から、パック入りのお餅を少量ずつ取り寄せて常備しているが、オーブントースターで上手に焼けるのでお昼にたべることが多い。一度にたべられる量はせいぜい二切れくらいだから、できるだけおいしくと工夫する。結局、飽きがこない味は磯辺巻きである。

ただ、いま私がこっているのは、しょうゆ味のつけ焼きに、にんにくを切って切り口をお餅にすりつけ、その上に春菊を五、六枚のせ、海苔で包んでたべるのだが、にんにくと生の春菊が、意外なおいしさを作ってくれる。熱い焙じ茶がよく合う。

春菊をみつばやせりに代えてみたら、これもまたいい。春菊、みつば、せり、どれも庭の片すみに作っている。それを必要なだけ摘んできて使うので、いきいきしている。春菊は根つきを売らなくなったが、みつば、せりはまだ根つきで売っているので、

根を切って植えておいたのが、結構ひろがっている。はじめはベランダで植木鉢に作っていたのだが、一人分のつま野菜として使うには不自由しない。
ちょうど、今は根みつばが出荷の時期。おひたしやわさび和えでたべたあと、植えておくのにふさわしいときだ。
そういえば、蕗の薹も、つけ焼きのお餅にのせて味わってみた。みじん切りにしてガーゼに包み、流れ水の下でもみ洗いしてアクをとり、つけ焼きのお餅にたっぷりのせ、海苔でくるんでたべるのは同じ。ただ、にんにくといっしょでは香りが生きないのでにんにくは抜き。やっぱりこれもおいしい。
ささやかなたのしみだが、こんなしあわせを拾い集めてくらしていると、何とも心は豊かだ。今日は日だまりの庭で蕗の薹をさがしてみよう。

くらしを支える予定表

予定表の記入は毎日の習慣

カラスのけたたましい声に目がさめて窓をあけると、昨夜の大雨がうそのように日が照っている。雨の音に眠れず、思い立って探しものをしていたので、明け方近くに眠りについたため、すっかり寝過ごしてしまった。

着替えをして、まず今日の予定表に目を通す。来客はなし、外出しなければならない約束もない。それからゆっくり朝食の支度をする。何をおいても予定表を見るのは、約束がなかったかを確かめるため。何かにつけて忘れっぽくなっているので、できるだけこまかく予定を記入しておく。

一人ぐらしの今は、電話のそばにそれを置いて、もし私が外出先で事故にでもあったとき、予定表を見てくれれば行先がわかるようになっているからと、身内のものに伝えてある。また、同じことを記入した小さな手帖は、いつもハンドバッグに入れて持ち歩いている。手帖の裏表紙には、出先で何かあったときに連絡してもらう身内の名と電話番号を大きく書いたメモをはさんである。

日記は一日が過ぎてから書くわけだから、つかれたり眠くなってしまうと、どうしてもなまけてしまう。だから私にはつづかない。予定なら、約束ができた時点ですぐ記入するから、忘れることもなく、外で約束したことも、家へ帰ればすぐ自宅の予定表に書き入れる。これは人としての信用のためにも大切なことだと思い、家族とくらしていた頃からの習慣であった。

もうひとつ、私は大きな手帖を持っている。毎年友人からもらっている立派なビジネス手帖で、これは仕事上の記録にしている。書き上げた原稿の枚数やテーマなどと、ときどき日記のスペースに、「今朝うぐいすを見た。羽の色でメジロかしらと目のあたりをよく見たが、うぐいすだった。せかせかした動きも、たしかにうぐいすだった」とか、「わびすけが一輪だけ咲いた。蕾がいっぱいでたのしみだ」などと、その日に気がむけば書いておく。

予定表の記入をなまけまいと習慣づけてきた理由は、夫が失敗したのを見たからだ

った。私よりもずっと几帳面な性格だった夫は、約束ごとなどはきちんと自分の手帖に書き込んでいた。それが、お酒をのみに夕方ぶらりと出かけて、なじみの店でのんでいたときに、仕事関係の人に出会い、講演の約束をしてしまったようだった。
「二十五日から旅行だとは、ちゃんとおぼえていたんだが、月末の金曜日といわれて、いつも金曜日はうちにいる日だからいいと思って約束してしまったんだ」
と、日と曜日で二重の約束をしてしまったというわけだった。しかも、酔っぱらっていたので、家に帰って手帖を見ることもなく眠り込んでしまい、二、三日たって先方から打合わせの電話をもらって大あわてになったのだった。
いいわけが許されることではないと、そのとき教えられた。

買物のときにはメモを持って

私も、近所へ買物に出るときなど、手帖を持たずに出るが、メモ用紙とボールペン持参を忘れないようにつとめている。それでなくても、思いついたとき、必要な買物はメモしておかないと忘れてしまうことが多いから、メモは常に必需品でもあるのだ。

ヨーグルトを作るための牛乳を買うつもりで出たのに、先に目についた安売りの洗剤だのトイレの紙ぞうきんなどを買いものかごに入れていくうちに、牛乳のことはケロっと忘れて帰ってしまったりする。だから、メモを見ながらの買物になる。

マーケットで知り合いに会うこともあるし、何か約束することもある。街で出会った知らない人が、誰かと話している言葉が心に残って、それをメモしておいたりもする。もちろん、約束ごとは家に帰るとまっ先に予定表に書き入れておく。今まで大きな失敗はしないでこられたのも、この習慣のおかげだと思うが、これ以上もの忘れがはげしくなると、予定を書き込むことも、見ることも忘れてしまうのかしらと思うが、それは仕方がない。

それにしても、年をとるって面白い。メモなんかに頼らなくても、何でもよくおぼえていた十代の頃の自分と、今の自分を、長く生きていなかったら見ることはできなかった。また、電話機によくかける人の番号をおぼえさせて短縮にしたら、記憶していた番号を全部忘れてしまったり、計算機を使いはじめたら、いつの間にか、得意だった暗算ができなくなっていたとか、便利だと喜んで使いこなしていた筈の機械に、自分のもっていた能力を奪われていたというおかしさを、経験することもなかったと思う。これからどんなことが起こってくるのかと興味がわく。

私のもの忘れは年のせいに違いないが、私には、記憶をおぎなう原始的なメモという習慣が、実生活を助けてくれている。便利なものができることはいいが、それを使ってただ喜んでいると、もの忘れよりこわい、すべて機械に頼らなければ生きられない人間ができてしまうのかもしれない。

「もの忘れ」も忘れて

最近「もの忘れ」が気になるようになって…

この頃、人と話をしていて困るのは、話そうとしていたことの固有名詞が急に思い出せないで、

「ごめんなさい、これ老化現象。思い出したらまた話しますから」

などと、話を変えなければならないこと。

多数の人の前で話すときは、不思議にそんなことが起こらないのに、緊張感をもたずに話せる親しい人たちとの会話のときは、名詞の度忘れ頻度が高くなる。

姑の介護をしていた頃、毎日、私の手に盗難届けが渡された時期がある。鉛筆三本と書いてある日、また、テレビがなくなった、一〇万円を盗まれた等々、姑の頭が日々こわれていくのを眺めているようで辛かった。当時の私はまだ六十代に入ったばかり、元気だったし、もの忘れなどしていられない大変な時期だった。九十三歳も終わり頃の姑が、もの忘れをするのは仕方ないと思っても、家には置いてない現金一〇万円なんて、盗まれたと思うのはどういうことなのだろうと考え込んでしまったりして落ちつけなかった。まだ、老人問題などという言葉を耳にすることはなく、有吉佐和子さんの『恍惚の人』が話題になっている程度であった。

ときどき、あの頃の姑のように、自分がしまい込んだものも忘れ、誰かに盗まれたと思い、さわぎ出すのかしらとおそれている。

実はごく最近も、大失敗をした。私たち十数人でつづけている勉強会があり、毎月例会をもって、会員めいめいが自分のテーマで勉強したことを発表する集りにしている。発表者は当番できめてあり、会員みんなできいて質問をしたり批評やアドヴァイスもある。発表者はそれを参考に、次の勉強に役立てている。人の前で話すのは、ただ自分だけで考えているより、一応整理して自分なりにまとめなければならない。それが力になるのでずっとその形をつづけている。

二年に一度くらいの割合で発表の当番がまわってくる。私も早くから発表のためにと、資料を集めたり、思いついたことをメモしていたのだが、それをなくしてしまった。ちょっと片づけものをしたときに、資料を入れておいた紙袋の置き場所を変えたことはおぼえていたが、その新しい置き場所をどうしても思い出せない。

大切なものだから、あとできちんと置き場所をきめるつもりで、ちょっと仮置きしたのが悪かった。仕事柄、同じような紙袋に入れた書類が多いわが家では、上書きして中のものがわかるようにしておいても、まぎれ込んでしまったようだ。広くもない家の中を探しまわっても見当たらず、整理の悪さを悔いても仕方なかった。

私にとっては、それが大ショックで、これがかつての姑のように「盗まれた」になっていくのかと、おそろしくもなった。それでも、自分の発表を休んではいけないのだと、手元にある本の中から、少しでも話の内容にかかわりのあることを読んでおこうと、発表の数日前から、机の上に本を重ね、あれこれ読んではメモをとった。

勉強に夢中になり気分も壮快に

久しぶりに受験勉強でもしているような気分で、こまかい字はルーペをのぞきながら、読みふけっていた。興味をもっていることだけに面白くて、食事も忘れていた。

おなかがすくとクッキーをかじり牛乳をのみながら、もう少し、もう少しと読みつづけてしまった。こういう時間は何と早く過ぎてしまうのだろうと、ふだんとは違う自分におどろきもした。

こんなに夢中になれるのは、まだ、したいことのためにそれだけのエネルギーがあるのだと、気にかかっていたもの忘れのはげしさなど、どこかに吹きとんでしまって壮快な気分で数日を過ごした。

やっぱり、夢中になることがあると、体力も気力も出てくるものなのだと、会が終わったあとで考えた。いつもは、外出の予定がある日は早々としたくをして、家を出る時間もたっぷり余裕をもってと心がけているのだが、本を読むことに夢中になっていた間は、時間ぎりぎりまで机の前を動かず、外出のしたくも手早くしていたことを思い出し、人間って身勝手にできているものだと、自分のことながらおかしくて笑ってしまった。

しかし、いい気になってはいられなかった。ほっとしたせいか、また、大事なことをケロっと忘れていた。仕事上のことではないので胸をなでおろしたが、五十代の身内のものにそのことを話したら、「大丈夫ですよ。私だってやっています」となぐさめられた。が、そのなぐさめの言葉に私はギョッとした。

つい先日読んだ区民報に、呆け老人を介護するときの対応の言葉について、「失敗をした老人に、だめですねえなどといってはいけない。大丈夫ですよと、まず安心させること」

と書かれていたのを思い出したからだった。まあいい。ひがむよりも素直に生きるほうがいい。

卯の花炒り

歳時記から教えられること

卯の花や森を出でくる手にさげて

石田波郷《いしだはきょう》さんの句である。掃除のついでに仕事机のそばに置いてある歳時記のほこりを拭きとった。もうひとつついでに夏の部一冊のページを何げなくめくっていたら、この句を見つけたのだ。数年前、里山歩きをしたとき、うつぎの花に出会い、その花房があんまり多くて、からみ合うように見えたので、「ちょっと窮屈そうね」と、一房を折って、傍らを歩いていた友人の帽子のリボンにさした。そんなことを思い出し、そう、歳時記はときどき読まなければ、と思った。

私の持っている歳時記は山本健吉編で、ほぼ半世紀前に出版されたものだが、私はずっと愛用している。編者の山本さんは亡夫と同世代の人、仕事の上でも多少かかわりがあったようで、わが家に二、三度みえたこともある。折口信夫《おりくちしのぶ》に師事されて、民俗学にも造詣が深い方であったことは、歳時記の中にもうかがえる。四季のくらしとも深くかかわる日本の年中行事と俳句の世界に、山本健吉編の歳時記は一番ふさわしいように思えて、私はずっとこの歳時記を身近に置いてきた。

句を詠むことはしないが、私は歳時記から教えてもらうことが多い。はじめに書いた石田波郷さんの

泉への路おくれゆくやすけさよ

という句を書かれた色紙をいただいたことがあった。直接いただいたのではない。数年前に亡くなった友人が、編集の仕事で波郷さんのところにうかがっていたときいただいたというのを見せてもらったのだが、その句に感銘を受けた私は、

「私はまだ、おくれていくことに〝やすけさ〟は感じないのよね。青いのよね」

などといい、何度もその句を声に出して読んだ。それを見ていた友人は、

「この色紙、あなたにあげる。私は、波郷先生にお話して、もう一枚いただくから」
と、あっさりそれを置いて帰った。以来、私には忘れられない句となっているが、素人の解釈から、ある日ふとその句の季語はどうなのかと歳時記をひらいた。
泉という季語はないかと探してみたのだが、あった。「地下を流れる清冽な水が、地層の間隙や断崖などから地表に湧き出て湛えているもので、木の茂った山地に多く、その涼味を主として夏とする」と、きちんと書かれていた。
そして波郷さんのその句も、三夏の中に入れてあった。泉が夏の、それも陰暦の四、五、六月をさす季の中に入っていることをしっかりおぼえた。こんなふうに、私は歳時記には教えてもらっているのである。

「卯の花」はいつも自分の味で

　ところで、卯の花も夏の季に入る。都会ではむかし小学唱歌にうたわれたような、卯の花のにおう垣根というのも見られなくなった。くいしんぼうの私は、卯の花ときけば、花よりも先に、まず「おから」を思うのだが、おからの白さに卯の花を連想する日本人のセンスを、みやびやかで素敵だと思う。

　私は卯の花炒りが大好きだから、よく作ってたべている。これだけは、家々によって作り方も味もさまざまのようで、以前は煮物の残り汁を味にして、野菜類とともに炒り煮にしたことが多かったようだ。おからは、いつでも豆腐屋さんにあった。

　この頃は街のお豆腐屋さんが姿を消してしまったので、材料のおからが手に入りにくくなった。代わって、惣菜もののチェーン店やデパ地下の有名料亭の味として売っているが、私は、どうも買う気になれない。デパ地下はもちろん、コンビニも、惣菜を売るチェーン店などもない時代に育ち、ずっと自分の台所で料理をしつづけてきた私には、とくに、おからなどは自分の味でたべたい。

家族と共にくらしていた頃は、すきやきの翌日は必ずおからを炒った。姑がすきやきというより、汁だくさんの牛鍋風を好んだので、残った煮汁を利用して、葱や油揚げ、椎茸などをたくさん入れて作った。もちろん、すきやきの残りがあれば、こまかく刻んでまぜ込んだ。それは家族が好んだ「卯の花炒り」の味だった。

一人ぐらしになってからの私は、いつか違った味を作っていた。私の卯の花炒りは、あさりのむき身と葱が味出しのきめ手になる。ほかには、いつも油抜きして冷凍しておく油揚げや彩りに人参、香りにごぼうを少し、すべて笹がきか細切りでいため合わせ、だしを加えて、うす口しょうゆとみりんで味つけする。そこに、から炒りしておいた卯の花を加えて、仕上げにせりかみつばを切って散らすのだが、あさりのむき身だけはぜいたくをする。これが少ないといい味が出ない。

私はこの淡い色と味の卯の花を、熱いごはんを少し盛ったお茶わんいっぱいにのせてたべるのが大好きなので、家でしかたべられない卯の花丼として、いつもたのしんでいる。人の前では小丼に少し盛って品よくいただくが、本来は家庭の惣菜の「おから」である。人目を気にせず、好きなようにたっぷりたべたい。

茶めしの季節

萌え出るいのちから元気をもらう

いま、私の庭には二本のお茶の木がある。ここに住んでほぼ半世紀が過ぎたが、そのお茶の木は私が住みつく以前からあったもの。私より早くからの住人?といえる。

この土地は亡夫がたいへんお世話になった谷川徹三先生の奥さまがお世話をして下さって、借りることができたのだった。私たち夫婦が土地を探していたとき、たまたま先生のお宅の前で、御子息が外国にいかれ、老夫婦だけで広い敷地を管理するのが大変だからと、三分の一くらいなら譲ってもよいとのお話があったという。

「あなたたち、土地を探しているときいたので、もし希望があるなら私から話してあげようか」

といって下さった。先生のお近くに住めるならと、大喜びで、すぐ分けて下さるだけの借地権を譲っていただくことにした。お寺が管理する土地なので、売ってもらうわけにはいかないということだった。それでも、百十七坪という土地は、いかにもぜいたくで、斜面にはつつじ、平らな土地には栗と八重桜、水楢《みずなら》の雑木林のような土地だった。片すみは竹やぶになっていた。

まだ敗戦間もない頃だった。最小限に木を切り家を建てたが、土地を譲って下さった斜面の上に建っているお隣さんからの眺めがわるくならないようにと、二階家を建てず、私は今も平家に住みつづけている。古くなり、あちこちいたんでいるが、訪ねてくる人には「平家とはぜいたくですね」とよくいわれる。建て替えても、私が住む限り平家を建てる。

本題から話がそれてしまった。私が書きたかったのはお茶の木のことだったが、まずそのお茶の木とのつきあいを書いておきたかった。

月刊『清流』三月号の記事「お茶にしましょう」をたのしく読み、西川勢津子さんお手製の手揉みのお茶をいただいてみたいなあと思ったり、私もわが家のお茶を手揉みにしてみようかと心をそそられた。そして西川家のお茶の木を誌面で見つめた。

毎年、わが家のお茶が新芽を出すのを待って、私はまず茶めしを作る。つややかな新芽が、二枚並んでツンと天に向かって伸びる姿は何ともけなげで、この頃のお茶の木が私は一番好きだ。お茶どころの茶摘みはこんな時期にするのだろうか。

　その二枚の葉をいっしょに摘み、ザルに入れたまま、ぐらぐら煮立つ塩熱湯にくぐらせる程度にして、すぐ冷たい水をかけて熱をとる。やわらかな緑色に変わったのを、小鳥の餌ほどにこまかく刻み、塩をふりかけてなじませておく。

　ごはんは少しお酒を入れて、昆布を浮かせて炊き上げるだけ。お茶に塩味をつけるのでごはんには味をつけない。できるだけ、たべる寸前に炊き上がるように時間を見はからい、むらしたあつあつのところに、キュッとしぼったお茶をまぜる。白いごはんに緑が散り、見るからにおいしそうだ。

　摘みたての新芽だから、生葉の茶めしがたべられる。

こんなぜいたくなことは、わが家にお茶の木があってこそできるので、この季節に絶対一度はたべたい。

ちょうど、せり、嫁菜なども庭に植えてあるので、菜めしの季節でもある。お茶の新芽も菜めし同様にして「私の茶めし」をたのしんでいる。出はじめの芽をたべてしまうのは申しわけない気もするが、こういうものをたべると、萌え出るいのちをもらったようで元気が出る。

陽春の下、天ぷらパーティ

お茶の新芽は天ぷらにもする。かなり大きな葉になっても天ぷらはおいしくたべられる。柿の若葉、山椒、うこぎ、くこなどの新芽を、それぞれ木から摘みとったままで衣をつけて揚げてしまう。年に一度、この天ぷらパーティをするのだが、ただ七輪を庭に持ち出し、油鍋をかこんで勝手に揚げてたべるだけ。甥や姪とその子供もやってきたりして、いっしょにたべるのだが、近所の友人が加わることもある。

コンクリートに囲まれている都心のマンションぐらしの甥たちは、こんな新芽天ぷらがおいしいといい、若い男の子も珍しがって揚げている。私が雪の下やどくだみ、土に埋めて保存していたごぼうや人参から出てきた若い葉を集めてくると、

「そんなの、たべられるの？」

などといいながらも、興味をもって口にする。若い子がくるというときは、えびとか鳥肉などの串揚げも用意しておくが、そういうものは、日常の食事でたべなれているので、茶めしのおにぎりや、葉っぱの天ぷらをせっせとたべている。

昨年、近所に住むしたしい編集者の方が、通りがかりに立ち寄ってこのパーティのお仲間になった。その方から、

「今年も新芽の天ぷらパーティなさる？」

とお声がかかった。

姑の伝えてくれた箱ずし

長崎生まれの春のおすし

長年、春の香りを食卓に振りまいてくれていた庭の山椒が、どういうわけか枯れてしまって、ここ三年ほどは、自然に芽生えた二本の山椒に頼っている。まだ小さなひょろひょろしている木だが、木の芽和えや田楽に使うくらいは不自由しない。

私が一番多く使うのは、わが家で「箱ずし」と呼ぶ「大村ずし」を作るときだった。姑から学んだこのおすしは、毎年、夫の誕生日の五月五日に作っていた。お客さまへのごちそうと、このおすしを好きだといって下さる御近所や友人宅にも配るため、三十人前は作れる箱を作ってあった。

姑が娘時代に預けられていた家が、長崎の大村藩ゆかりの楠本男爵家だったそうで、当時外交官だった両親が外国へ赴任中、行儀見習いのためとして預けられたのだという。

箱で作るおすしというのが珍しく、私は姑から楠本家での箱ずし作りの話をきくと、ぜひ作ってみたいと思い、姑の記憶を頼りに、知り合いの指物師に頼んで箱を作ってもらった。むかしの男爵家の客用の箱ずしとわが家のくらしの差を考える知恵をもたなかった私は、姑の遠い記憶にある大きな箱を作ってしまい、とんでもなく大量のおすしができる箱になってしまったわけである。

一度は姑に実物を作ってもらわなければと、材料の調達と下ごしらえは私が引きうけたが、何しろ長崎の大村で生まれた料理である。今は市役所でもこのおすしの箱のことを教えてくれるときいたが、わが家の箱は軽く三十人前は作れる大きさなのである。当時は鯛一尾といってもかなり高価で、三十人前分というと、一尾分もどこかにまぎれ込んでしまう量であった。

もちろん、他の材料もたっぷり必要で、東京で作るのはなかなか大変だった。だから、姑の記憶通りにするとなると、めったにできるものではないと思い知ったが、ただ私としては、これを伝えてもらうのは、私の勉強のためだと思った。年に一度、夫の誕生日にきて下さるお客さまに、姑の伝えてくれた味を、と思ってつづけてきた。

この味を誰かに伝えておきたい

姑がおぼえたのは、多分、大村の春たけなわの頃のおすし作りであったのだろう。時代は明治。材料はすべて春のものであった。わが家の山椒はやわらかい部分がほとんどなくなるほどこのとき摘まれてしまうのだった。

はじめて作ったとき、姑も材料がどのくらい必要なのか見当もつかないといった。私は箱の大きさと手順をきき、姑のいう材料を用意した。鯛をはじめ野菜は蕗《ふき》、筍《たけのこ》、椎茸、人参、海苔、奈良漬け、そして錦糸卵は卵三十ヶを使った。

箱はおすしができればすっぽりと抜けるようにできていて、三段に作れる中仕切りという板二枚と落とし蓋、方形に切り分けるための定規用の板まで作ってもらった。

「できた材料を入れて姿よく作るのは楠本のおばさま。でき上がると書生さんを呼んで上にのぼらせていたわ。しっかり重石がかからないと切り分けられないからね」

その姑の言葉に、私はビニールシートを二枚重ねて箱の上にのり、重石の役目を果たした。

すしめしも一升炊きのお釜で三回炊いた。作り方はまず箱をたっぷりのお酢でしめらせるところからはじまり、底にすしめしをうすく平らにならし入れ、その上に一面びっしりと鯛の刺身を酢洗いして敷きつめる。それを被うように海苔をぴったりとかぶせ、すしめし、野菜という順に重ね、またすしめしをのせ、それを一面に錦糸卵で被う。下が見えてはいけないと姑はいった。その黄一色の上に山椒をたっぷりと散らして一段ができ上がる。それを切り分けるわけである。

夫が他界してからも、勉強会の方々の集まりはつづいたので、私も年に一度の箱ずし作りはつづけていたが、さすがに八十代に入ると体力がなくなり、やめてしまっていた。つづけている間も、楠本家のような御大家の作っていたお客料理をまねするのも、あと何回できることやら、と思っていた。

ところが今年、亡夫の友人の娘が「私も箱ずしをおぼえておきたいから」と、材料持参で熊本からやってきた。私も、できることなら誰かに伝えておきたい気持ちがあって、この前は、やはり姑が楠本家でおぼえたという「魚飯」も教えた。

大村ずしは、ときどきデパートの県別うまいもの展などで売っているが、売り物の大村ずしとは違うわが家の「箱ずし」を伝えておきたいと思ったのだ。

かつて姑がしていたように、私は煮物の味をみたり、野菜の切り方を教えたりで、仕上げだけをした。作ったのは一段だけで、熊本からの鯛はかなり大きかったが全部使った。「中落ちでおいしい潮汁を作ろうね」と友人の娘は元気だ。娘といっても私たちの年代の娘。もう五十代なかばを過ぎている。

本当は無精もの

住みなれた家で転んでしまって…

長年住みなれた家だから、夜中でも電気をつけずに歩ける、といばっていたのに、ある夜とんでもない失敗をしてしまった。翌日の外出に必要なものを詰め込んだ書類カバンを、うっかり食卓の足もとに置いたのを忘れていた。目立つ場所に置けば、またどこに置いたかとさがしまわらずにすむから、というつもりだったのをケロリと忘れていた。

夜中に、のどがかわいて番茶がのみたくなり、台所へいこうとして、ふだんはないはずの場所にあったカバンにつまずき、いきなり倒れた。胸のあたりに異様な痛みを感じたが、まあ、すぐなおるだろうと、たいして気にもとめずにお茶をのんでベッドに戻り眠ってしまった。転んだ直後はその程度の痛みだったが、翌日からだんだん痛

みがはげしくなり、左手が動かしにくく、右胸が痛みはじめた。ただごとではない不自由さに、すぐ近くの整形外科にいってみた。地域の総合病院の外科部長さんだった先生がはじめたクリニックで評判をきいていたのでそこを選んだ。

ちょうど院長先生の診察の日で、先生は私を見るなり、こういった。

「転びそうな体格だな」

「小さいときからキューピーっていわれていましたから。おなかを突き出して歩いていました」

私も、つられていってしまった。看護士さんが困ったように笑い出したので、先生も私も笑ってしまった。そんな出会いの先生は面白い人で、深刻にならずに肩や胸の骨にヒビが入っていることを、レントゲンのフィルムを見せて説明してくれた。

「当分、週一回は見せにきて下さい」

先生にそういわれて以来三ヶ月、やっと痛い肩の方向に寝返りをうてるようになった。その三ヶ月、はじめて痛みをかかえた生活の中で、人間って本当に面白いと感じることがたくさんあった。何とか日常生活は一人でできても、自分に甘いなと思うことが多かった。

だんだん無精が快適になって

食事のことひとつ取りあげても、きちんと茶わんや小皿を並べて、箸は箸置きにのせて、といったごく自然にしていたお膳立ても省略しがちになった。ひとつの器でいっぺんにいろいろなものがたべられるお雑炊を作ることが多くなった。冬の朝食には、いつもさつまいも、ほうれん草などの青菜、もみ若芽やしらすぼしを入れ、卵を落として牛乳たっぷりの牛乳粥をたべている。牛乳粥は栄養のバランスがいい。だから、お雑炊でもよかった。だが、一皿に栄養のバランスも考えた料理を盛るということより、いつの間にか、ひとつの器ですませる目的で、お雑炊ばかり作ってしまうと、エサをたべているような気分になってきた。

仕方がない、手も胸も痛いのだからと、だんだんに無精を決め込むことが快適にさえなって、ふきんを洗ってもしぼれないから紙タオルで使い捨てにしよう、とか、調理台にいろいろなものが置きっ放しで片づかなくても、痛いからという理由だけで無精を自分に許しているのが「楽でいいな」という気持ちになったりする。台所に立っ

ても、エサを作っているような料理を仕方がないさと思い込む。

お医者さんには、少し痛くても、手を上げ下げしたり、なるべく動かしなさいといわれているのに、痛いからと、デレっとしてくらすのも、案外いいものだと思ったりする。

私がずっと考えてきたのは、人間の食事はヒトだけがもつ、他の動物にはない生活文化で、それを失ったら食事はエサになってしまう、ということだった。

お膳立てとか、バランスのとれた栄養はもちろん、味や見た目の美しさ、器とのつりあいの美、などを考えた食事を、美しい姿勢で、きれいにたべる、それを忘れたらエサになってしまう、ということだった。

もちろん、家事はいつも完璧にというわけにはいかない。食事だってときにはコンビニのおでんやおべんとうで間に合わせなければならないことがあってもいい。ただ、それをどうたべるかが、食事かエサかのわかれ目なのだと私は考えた。

そんな自分に裏切られたような気持ちにもなった。肩や腕に力が入れられないくらいで、エサみたいなたべ方をして「楽だわ」などといっている自分に、「本来はやっぱりなまけものなのだ、それとも年をとって、つかれてきたのかしら」とひとりごとをいってみたり。でも、やっぱり気になるのは、長い間、人間の生活文化としてとらえてきた食事の形を、そんなに簡単に崩してはいけないのだと思っているせいかもしれない。でも、無精も快適だ。

不注意で転んだことから、知らなかった自分と出会えたのは面白かった。「日ぐすり」とはよくいったもので、痛みが一日一日とうすれてくると、少しずつ、また自分らしい食事のしかたに戻ってきた。健康でないと、やっぱり私らしくないのだと納得した。

今朝は久しぶりに玉露用のお茶器を出して、おいしいお菓子とお茶をたのしんだ。

ある日の間違い電話

一方的な電話の第一声

電話のベルに何げなく受話器をとったら、いきなり、

「いま駅だ」

と、男性の声だった。こういう電話をかけてくる人に心あたりがないので、

「どなたさまですか」

と、わざとていねいにきいてみた。

「バカっ、俺だ」

と怒鳴られて、ああ、これは自分の家へかけたつもりで間違えたのだと思い、

「おかけ違いだと思いますよ」

というと、また怒鳴られた。

「何バカなことをいっているんだ、バカ」

笑い出しそうになった私は「おかけなおしになったらいかがですか」といって電話を切った。こらえていた笑いがせきを切って、一人で大笑いをしてしまった。

笑いが納まると、いろいろ考えた。あの声の主は、五十代くらいの働き盛りの人のようだった。多分、駅についたので、すぐ車で迎えにくるようにと、奥さんに命令するつもりだったのであろう。「駅だ」「バカ、俺だ」「何バカなことといっているんだ、バカ」と、こちらの答えをよくきかず、一方的にバカバカと怒鳴っているのが、この人の性格をあらわしているように私には思えた。

ふだんから、奥さんの電話の声、話し方などていねいにきいてはいないようだし、自分中心に家の中でいばってくらしている人なのだな、と思う。

電話に出るとき、それぞれの第一声というものがある。自分の姓を名乗る人、「はい」とか「もしもし」と、言葉は同じでも、微妙にアクセントが違うものだ。私は、よく電話をかける身内のものや友達など、最初の声でわかる。もっとも声は親子やきょうだいでよく似ていることはあるが、なれればわかるものである。

あの「いばった旦那さま」は、相手が何をいっているのかきこうともせず、しかも、長年共にくらした奥さんの、電話の声もはっきりとはわからないようなくらし方をしている人なのだと思ったが、妙に憎めないものがあった。いかにも無警戒な感じのせいで、これだから、奥さんも連れそってこられたのだろう、などと勝手な想像をたのしませてもらった。それにしてもあの男性、うまく電話をかけなおして通じたかしらと、よけいな心配までしてしまい、また笑いがこみ上げてきた。

心にひっかかるコマーシャルのセリフ

空もようがおかしくなってきたので、ニュースと天気予報をきこうとテレビをつけたら、ちょうどコマーシャルが流れていたが、「えっ?」と思わず画面を見てしまった。

「おばさんになっても、もっとしあわせにしてくれると約束してくれますか」

若い女性が甘えるような声で傍らの男性にいうと、男性はだまって手を重ねるシーンになる。そのセリフに合わせるための演出か、やや時代ばなれした二人の雰囲気が出ているのは面白いコマーシャルになっている。しかし私には気持ちにひっかかるセ

リフなのだ。

「おばさんになっても」とか「しあわせにすると約束してくれますか」というのは、何とも自分をもたない、あなたまかせの生き方ではないかと、いやな感じがする。「おばさんになっても」とは、女は若くなければ価値がないということになる。若いときは若さの魅力で愛されても、おばさんになったら女はおしまいとでもいうのだろうか。まして、たとえそうなっても、しあわせにしてくれと「おねだり」をしているわけで、いやな感じがしたのである。

私はそういう女性の生き方が嫌いだ。しあわせなんて自分で作っていくもので、人頼みでつかめるものではないし、自分の一生を人まかせにするような怠惰な人に、しあわせが得られるとも思えない。おばさんになって、夫が仕事を失ったとか、病気で何もできなく

なったとか、家族の介護をしなければならなくなったとき、

「私をずっとしあわせにすると約束したじゃないの」

などといってはいられないであろう。人まかせで一生しあわせがつづくことはないのだと知っておくべきなのだ。むきになってコマーシャルに文句をいうつもりではないが、あえてこういう女性のセリフを考え、かわいい女性に表現していることが、私には、ささくれのように気になってならない。

テレビコマーシャルをはじめ、新聞の折込み広告や通販カタログ、そして街を歩けば飾られたショーウィンドー。老いも若きも欲望をあおられる昨今、モノへの欲望を満たすのが「しあわせ」と思い込んでいる人も多かろう。そんな人は、お金がなかったら「不しあわせ」になる。今日のしあわせは、明日失うかもしれないのだ。そんなことを考えながら、また、あの電話の男性のことを思いだした。あの人だって、若い日には、今はバカッと怒鳴りつける奥さんに、「きみを一生しあわせにするから」なんていったかもしれない、とまた勝手な想像をして一人で笑ってしまった。

夏の章

暑い夏を元気に
気持ちよくくらす

雨の日は赤い傘

はじめて買った赤い傘

傘をささずに郵便受けまで出たら、首すじに槙《まき》の木から落ちたしずくが入って、ひやっとした。背中にすうっと雨水が流れるのを感じ「気持ちわるい」と声に出し、あわてて家の中に入ってTシャツを脱いだ。タオルでからだをぬぐい、ほっとして郵便物の整理にかかった。

「赤い傘が出番の季節になりましたね」

そんな書き出しの友人からの絵はがきがきていた。ああ、走り梅雨の季節に入ったのだと、ガラス戸をあけてみた。こまかい雨が黒い土にしみ込んでいくのが見える。

大雨はおそろしくなるが、しとしとと雨は見ていると気持ちが落ちつく。雨がつかまえて流してくれるせいか空気に埃っぽさがないので、深く息を吸うと、からだ中の血液が酸素をたっぷりとり込んで、活発に流れるような気分になる。

赤い傘は数年前からの私の愛用品だ。私の足で歩いても五分ほどの近くに、いつも外国製雑貨品のバーゲンをしている店があった。ある日の朝刊に、そこが閉店セールで、フランス製の傘を十本限り、安いねだんで売り出すという折込み広告が入っていた。もちろん、ほかの商品もいろいろ書いてあったが、私はちょうどお気にいりの傘を電車に置き忘れてなくしたところだった。それで、このねだんなら買っておきたいと、店が開く時間にいってみた。

もう客が入っていたが、ハンドバッグやスカーフ類が売りものの店だったので、傘の買手は誰もいなかった。しっかりとした作りの傘で、色も作りもちょうど私が探していたものにぴったりだったので、すぐ買った。それが友人のはがきに書いてあった「赤い傘」である。

色はワインレッド。柄が太くてジャンプ式ではなく、昔風の、女ものとしては大きい傘だ。そんな色を選んだのは、私としては生まれてはじめてのことだった。幼いときから母親に、

「おまえはみっともない顔だから、決して目立つ格好をするんじゃないよ」

といいきかされていたので、自分で働いてものを買うようになっても、選ぶものはいつも地味な色柄ばかりだ。おしゃれには臆病になっていたと思う。そんな自分の経験から、たとえ子を思う気持ちからでも、親の無神経な言葉は子供の一生を支配するかもしれないので、心したいものだと考えている。

雨の日も気持ちが華やいで

そんな私が赤い傘を買った理由は、ある雨の日の黄昏どき、知人の車に乗せてもらって青梅街道を走っていたのだが、急停車した知人が、

「こういう雨の日の夕方、地味な色のものを着たお年寄りがゆっくり歩いていると、一瞬見えないときがあるんですよ。とくに信号のないところでゆっくり道路を横切ったりされると、運転してる方は、おそろしいですよ」

といった。まさに私のことだと、せめてレインコートや傘は、黄色か赤にでもしようとそのとき思ったのだった。なくした傘はベージュに縞もようの入ったものだった。私の着るものはどうしても黒やグレーが多い。うす闇にはまぎれ込んでしまう色だ。

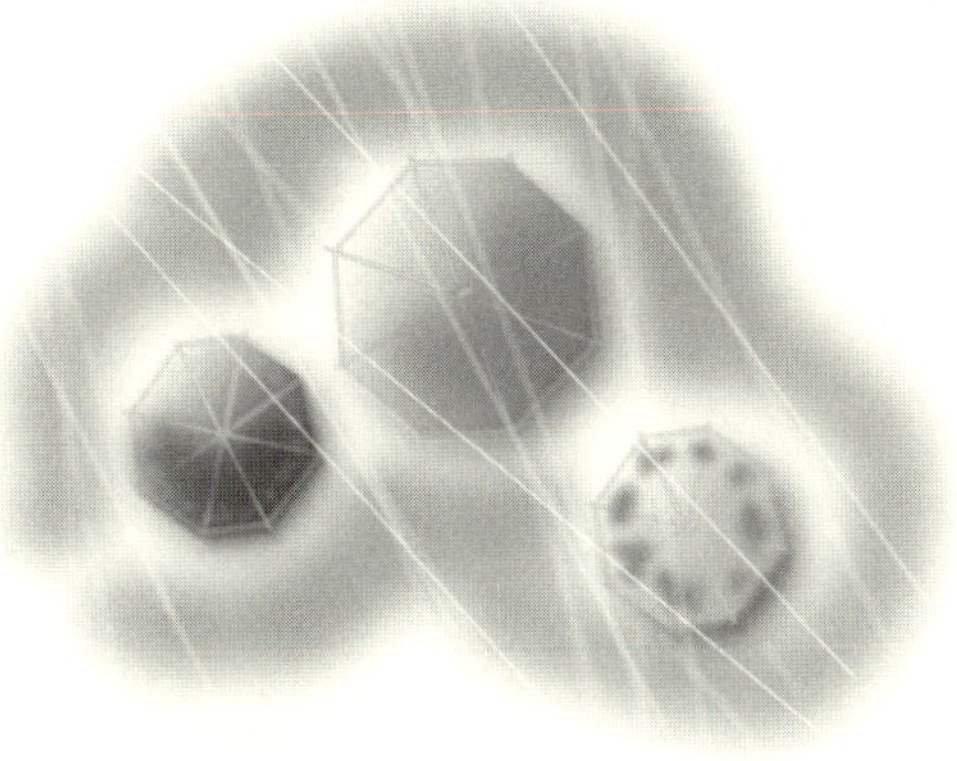

そうだ、赤を選んでみようと、安売りとはいえ買った傘は私にはうれしく、それをさして歩く雨の日は気持ちも華やいで、雨の日の外出もいやではなくなった。

いつか雨の日に訪ねてきた友人を送って、駅まで並んで歩いたとき、

「かわいい傘ね、どうしたの」

ときかれ、その傘を買った理由を話したのだが、雨が降ると私の赤い傘を思い出すのだと友人は書いてきたのだった。私と同年輩のその人は、いま骨折で入院中だという。退院したら自分も赤い傘を求めるつもりだとも書いてあった。骨折の理由には触れてない。

ずっと以前、私はラジオ番組の台本書きをしていたことがある。毎日のくらしのヒントになるようなことを三分間にまとめる仕事だった。私は雨の季節になると、外出が面倒にならないように、雨靴もレインコー

トも、傘も、みんな明るい色を選んで、買物にも仕事にも、うきうきした気分で出かけたいものだと書いていたことを思い出した。幼稚園の子や小学校の低学年の子供がいたら、靴や傘に書いた名まえがはげ落ちていないか気をつけてやりたいとか、雨傘は透明なものの方が見通しがきく、などとこまごま注意事項をつけ加えたりしていたな、と思い出し、今はそのまま自分のことではないかと一人で笑ってしまった。

以前は雨が嫌いだった私が、雨の日もいいものだと思うようになったのは、ゆったりした時間がもてるようになったり、傘のおかげで華やぎが感じられるようになったからだと思っていたが、一番はじめに雨の日を喜んだのは、鉢植えの草花に水をやる手間がはぶけたと思ったときだった。そのくらいの労力が身にこたえるのかと愕然としたのも事実だった。

日本生まれのとんかつ

心が弾んだ「おつかい」の思い出

日が長くなってくると、どうしても夕食の時間がおくれる。つい、支度にかかるのがおくれてしまい、おなかがすいてきてはっと気づくこともある。

こんな季節には、おなかがすくと急にたべたくなるのがとんかつで、これは私の育ちのせいなのだろうかと考える。といって、幼い頃には、めったにたべさせてもらったことはなく、ふだんのおかずの中にはないものだった。私の育った家には、揚げものといえば精進揚げしかなく、カツやコロッケは肉屋さんに買いにいく、特別のおかずだった。

西洋皿と呼んでいた平たいお皿を持って、買いにいくのは私の役目で、刻みキャベツといっしょに盛りつけてもらい、風呂敷にしっかり包んで、お皿がまがらないよう

に持って帰るのは、小学生にはなかなかむずかしかったが、私はカツがたべられるうれしさで、いっしょうけんめいで持ち帰ったのをおぼえている。うすいカツだったが、それにソースをたっぷりかけて、キャベツにもソースをからませ、何杯もごはんをたべた。ソースというのはウスターソースであったのだろう。それをかけると、キャベツだけでも西洋のにおいがあった。このおつかいをいいつけられると、私はうれしくて、片手にお皿を包んだ風呂敷と、片手にはお金を握りしめて、踊るような足どりで肉屋さんに急いだ。
　当時は「とんかつ」とはいわず、ただ「カツ」といっていた。大人になって料理に興味をもってから調べてみたら「とんかつ」とは日本で生まれた料理で、むかしは豚のヒレ肉を使わなかったので、何とかして生かそうと工夫して作られたものだと知った。

記憶があいまいになっているので、あらためて手もとにある「事物起源辞典」をひらいてみた。やはり「とんかつ」が生まれたのは昭和四（一九二九）年の頃だったそうで、私の小学生時代には「カツ」だったのだ。

日本にはイギリス料理のcutletとして入ってきたのだそうだ。せいぜい五ミリくらいの厚さのものだったというから、ウィンナシュニッツェルのような形だったのかもしれない。

カツレツが「とんかつ」という名に変わったのは、もと宮内省の大膳職をつとめていた島田信二郎という人が、上野御徒町にあった西洋料理店のコックになり、そこで厚い肉を揚げることを工夫して作ったのだと書かれている。名前も考え、ひらがなで「とんかつ」と書いたという。

梅雨どきにはビタミンB_1

そういえば、私が速記者をしていた頃、ある座談会でこんな話をきいたのをおぼえている。俳優の古川ロッパさんが、いろいろおいしいものの話をしたあとで、

「なつかしいのは、向こうが透けて見えるような、うすいカツレツ。あれにたっぷりソースをかけてたべてみたい。この頃は厚いカツがはやりだからねぇ」

といったこと。その頃の私には何といっても厚いとんかつが魅力であったから、とても不思議な気がして記憶に残ったのだ。ロッパさんが、どれほどはじめの頃にたべたカツレツの味をなつかしんでいたのか、当時の私には全くわからなかったので、かえって印象に残る話になったのだと思う。

いま思い出してみると、私が子供の頃に味わったカツは、カリッとした衣の味が主で、それにわずかの豚肉とソースの味がまじり合って、ふだんたべるお芋の煮ころがしやお豆腐と油揚げのみそ汁、煮魚、焼魚にはない味で、おいしかったのだと思う。

数日前、

「おばちゃん、いまM子ととんかつたべにきているんだけど、帰りに寄るから、おべんとう買っていこうか」

と、姪から電話があった。わが家の近くに、おいしいとんかつ屋さんがあり、若い人がくると私はよく連れていく。味をおぼえた姪は、仲よし友達とそこで会って昼食をし、家族の夕食もそこでととのえて帰る。二人とも、遠くからくるのだが、それだけの価値があるのだそうだ。

一人ぐらしになってから、私は家での揚げもの料理はしないことにきめた。揚げものをしていて、もし地震でもおきたら、一人でとっさの処置ができないかもしれないと思うとおそろしい。そういうことも考えてくらさなければならない年齢だと、自分をいましめてのことなのだ。

姪とその友達は、私の家でまたひとしきりおしゃべりをしていた。夕食は子供たちの好きなとんかつがある。ゆっくり帰ればいいという。

「おばちゃんが、梅雨どきにはビタミンB_1の多い豚肉と、有機酸をとりなさいとよくいっていたでしょ。今日はとんかつと夏みかんをいっぱい入れたコールスローがメインなの。どう、いい主婦してるでしょ?」

先まわりして自慢するのは子供のときと同じだ。食糧事情が最もひどかった時代に生まれた姪は、からだも小さい。しかしその子供たちは、栄養のバランスもよく大きく育っている。とんかつ大好きだという。

冷茶をたのしむ

暑い日にのむ一杯のお茶

できるだけ、ものを持たない生活をしなければと思っているのに、買物のついでにちょっとのぞいた陶器の店で、つい煎茶の茶わんを買ってしまった。白蠟のような、ごくうす手の茶わんで、これで新茶をのんだらおいしそうだと思ったらほしくなった。ちょうど走りの新茶が出はじめた頃だったので、家に帰って早速使ってみた。茶わんのふちが唇にふれたときに、お茶の温度が程よく伝わってくれるのがうれしい。気にいってずっと使っている。

四十代までは、夏に熱いお茶なんて考えもしなかったが、五十代に入った頃から、程よい温度でいれた煎茶を、暑い日でもおいしいと思うようになった。もちろん、暑い日中に荷物をかかえて帰ってきたときなどは、まず冷蔵庫をあけて、冷えた麦茶を一杯ということになるが、落ちついてのむお茶は、やはりていねいにいれた緑のお茶が一番いい。

先日、久しぶりにとびきりのおいしい煎茶をいただいた。お茶の産地で品評会に出された煎茶の残りを、業者の方からほんの少しいただいたものだときいた。その土地で、長く消費者運動でボランティア活動をしてきた人が、「お茶好きのあなたに半分お分けするわね」と、掌一杯ほどを分けてくれた。小さなポリ袋に入れて、宝物のように差し出されたお茶を私も大切にいただかなくてはと思い、考えた末に、そうだ氷出しにしてはどうだろうかと思った。

氷出しをおぼえたのは、もうずいぶん前のこと。ある雑誌で読んだ随筆のおかげだった。おいしいものの紹介や、たべものの随筆を中心にしたPR誌だった。毎号私が愛読していた人の随筆の中に、あるとき「氷出し玉露」の文字を見つけた。私の頭の中には全くなかった、お茶を氷で出す、ということにびっくりして、書かれていたことを早速まねてみたのだった。でも、玉露のような高価なお茶はわが家に置いていなかったから、買いに走り、氷も冷蔵庫でできるカルキ臭が残っているのは向かないだろうと、ぶっかき氷も買ってきた。

書かれている通りにして氷出しを作ってみたら、本当においしかった。ちょうどあり合わせの、大好きな京都の和三盆の干菓子があったので、それをひとつ口に入れ、舌の上ですうっととけていったところで氷出し玉露を味わってみたのだが、お抹茶とはまた一味違う、深いお茶のおいしさがとけ出したような、それでいて苦味というものがかくれてしまったという味だった。

まだ、元気いっぱいだった夫にその話をしたら「そんなうまいものを、亭主に内緒で味わうとはもってのほか」だと、笑いながらいい、しかし自分にはあまり興味はないといった。酒のみでも甘いもの好きという人もあるが、夫は甘いお菓子には見向きもしなかった。「ぼくには甘いもののおいしさはわからないから、好きなものがたのしむ方がいい」といつもいっていた。

だからお菓子はすべて私の領分にしていた。お茶も甘いものに結びつけて一人でたのしんだわけであった。

あらためて氷出し玉露を作り、リキュールグラスにいれて夫にすすめたら、「これはこれは、自然に顔が笑ってしまう」と喜んで、今度あの人にもこの人にものませてみようといい出した。急にいわれても何しろ氷をとかして出すお茶だからと牽制しなければならなかった。

味と香りを味わう夏のおたのしみ

雑誌で読んだ氷出しは、まず急須に玉露をたっぷり入れ、ぶっかき氷を急須にいっぱいになるまで詰めて冷蔵庫に入れてとけるのを待つ。すっかり氷がとける頃には玉露のおいしさもよく出て、えもいわれぬ冷たい玉露をのむことができる、というのだった。

本当に、じわじわと氷水を吸い込んだお茶が、香りや色や味をゆっくりととかし出して、きれいなグリーンのおいしい冷茶を作ってくれるのだと思うと、五時間くらいの時間はかかっても仕方がない。玉露茶わん五人前くらいのお茶を用意したかったら、その程度は冷蔵庫にゆっくり置かなければならない。

今は冷たいお茶をと思うときは、深むしの煎茶と湯ざましに氷を加えて急須のまま冷蔵庫に入れておき、水出し煎茶をよく作っている。ただし、とびきりのお煎茶は、やっぱり氷出しにしてのみたい。皿ごと一時間ほど冷やしておいた葛《くず》ざくらでもいただきながらの冷茶は、私の夏のたのしみのひとつで、おもてなしにもする。

したしい友人にも氷出しをすすめたら「すぐやってみたけれど、たくさんお茶を使うのに、一回で捨ててしまうのはもったいないわねえ」と電話をかけてきた。「二度目は熱湯で出して、それを冷やして麦茶がわりにしてもいいじゃない」と私がしていることを話したら、「あんまりおいしそうじゃないけど、でも仕方ないわね」と勝手なことをいっていた。

お盆の頃

「家」を背負う嫁という女性たち

「春秋のお彼岸やお盆の時期、家督の嫁は数日前から墓所の掃除と花を供えておかなければならないものだ」

こんな話は地方の町や村で老いた女性からよくきく話だ。むかしの嫁はそれほど周囲に気をつかって、いい嫁と呼ばれなければいけなかったのかと思う。今を生きている人の都合より「御先祖さま」を大切に考えなければならなかった家制度の中では、先祖代々が眠る本家の墓所を守るのは長男の責任とされていたから、その連れあいは親類じゅうから注目されていたのだ。彼岸やお盆に親類のものがお参りにきたとき墓所の管理がおろそかにでもなっていたら、親類じゅうから文句をいわれたのだろう。

お盆（東京では七月）の時期を前に、そんなことを考えた。

私も長男の妻という立場だったが、家族にも私にもそういう意識がなく、そのまま老いてしまった今も、きわめてのんびりと過ごしている。

わが家の先祖代々の墓地は愛媛県にあり、そこには夫といっしょに一度だけお参りしているが、私には会ったこともない人の墓という感じであった。夫の父は三人兄弟で、二人が東京に住み、長男は青山墓地に、次男であった夫の父はブラジルに移住するとき、多磨墓地を用意し、生まれてすぐ亡くなった夫の弟をそこに眠らせていった。

夫と二人のくらしの中で、まだ若かった私は墓地については全く無関心で過ごしてしまった。その後同居した姑が亡くなったとき、私は、はじめて墓地があまりに荒れていることにおどろき、整地をして新しい墓を作った。実生活のことにはかかわりたくないらしい

夫は、全く知らん顔で、

「きみの思うようにしてくれ」

というだけだった。私たちはそういうくらし方をしていたので、およそ嫁という意識もなく過ごしてきた。ただ、むかしの女の考え方を半分はもっていた私は、仕事をもち、家事もすべて自分で、というがんばり方をしていた。つかれ果ててしまう日もあったが、自分を不しあわせだと思うこともなく、「私がいなければ」という、しあわせ感に似た思いに変えていた。幼いときから私にはなかった「家庭」というものを愛していたということかもしれない。縁あって家族になり、ひとつ家に住む、そのくらしを大切にすることは、何よりも私の心のやすらぎになっていた。満ち足りていると思い込んでいた。

大切な人たちは心の中に生きている

家族を次々に見送って、一人になってからの私は、一日が自分の思いのままに使える身分になったが、意外なことに気がついた。野放図に一人の時間をたのしむのかと思った自分が、不思議なくらいに自己規制がきびしくなり、以前より日常生活のリズムをこわすまいとしている。一人になって一層、家族と過ごした長い時間の中で身についた生活習慣を、ていねいに守っているように思う。だから、

「お墓まいりにいかないとね。お盆の多磨墓地は暑いから、朝早くいくといいわ」

おせっかいな親類から電話がかかっても、別に仏教徒でもなかった姑や夫が、お盆だからと暑い中を苦労して訪ねていかなくても、何とも思わないだろうし、おおきなお世話だと私は割り切っている。多磨は私の住まいからは遠い。何かと私の日常の世話をしてくれている甥に頼んで車で連れていってもらわないと、掃除道具や花などを持っていけない。夫の父が用意してくれた頃は、まだ用地もたくさん空いていたのだろう。わが家の墓地は二十坪。宅地に比べれば四分の一の広さではあっても、草むしりをしたり掃き清めたりするのは体力も必要で、とても一人でいくのは無理なのだ。それに、姑はバラが好きだったし、夫は野の花や庭に咲いている地味な花が好きだったので、それらしい花選びもしていきたい。そういう私のこだわりを、家族はわかっているのと信じているので、私の一番ゆったりできるときにいけばいいと思っている。

墓地が住まいの近くなら、買物や散歩の道すがら、ちょっと立ち寄って、庭の花が

咲いたとか、誰かの家におめでたいことがあったとか、ひとしきり声には出さない会話をしてみたりするかもしれない。

こんなことを、あたりまえだと思っている私を、私の親類の同世代人たちは、変わりものだといっている。だから、お盆にはお墓まいりにいけと世話をやく。

御先祖をそまつに扱うつもりは全くないが、私は、特別な宗教をもたない人間だから、きめられた形にしばられる墓まいりなどしないだけで、ずっと私の中に生きている身近な人たちを大切にしている。だから、その人たちの眠るところが荒れた感じになるのは辛い。私ができる間は花も供えにいきたい。掃除もしたい。

住む世界が変わってしまった、したしかった人とのつきあいは、それでいいのではないかしらと私は思っている。

打ち水に込められた心づかい

生活からこぼれ落ちた大切なもの

もう何年前になるだろうか。

かつて『週刊朝日』の編集長をしておられた扇谷《おうぎや》正造さんが、ある日上機嫌で奥さまにこんな話をされたという。当時、奥さんと私はラジオの仕事でよくごいっしょしていた。私生活でも何かと教えてもらうことが多く、したしいおつきあいをしていた。そんな仲だったので、扇谷夫妻がお二人での食事で話されたことを、私にもきかせてくれたのだった。

扇谷さんが、ある女性執筆者に原稿の依頼をするため、はじめてその執筆者のお宅を訪ねたときのことだ。約束の時間は、夏の日のようやく日の落ちる頃だったという。門を入ると玄関までの敷石に、いま打ったばかりというぬれ方で打ち水がしてあり、

「人を迎えることへのていねいな心づかい」といったものに、深く打たれたという話だった。その執筆者は、どちらかといえば地味な感じのもの書きで、当時、御家庭内のことで悩んでおられるという話を、私も同業の方からきいたことがあった。私はおつきあいもなく、ずっと年上の方なので、特別に関心ももっていない方だった。

ところが、扇谷さんの奥さんから、

「扇谷からきいたのだけれど、あの方の新しく取り組もうとしていた仕事のテーマと、依頼の条件がぴったり合っていたので、扇谷はその方の新しい仕事への張りつめた気持ちを、打ち水に感じたのですって。いい話だと思ってね」

奥さまも感動していたのだ。「だからあなたにも話しておきたかった」といってくれた。

「そのお話、私もしっかり記憶しておきますって、扇谷さんにお伝えしてね。多分、私は一生忘れられないと思う」

といったことをおぼえている。事実、何十年たっても、私はそのことをおぼえている。新しい仕事のことで訪ねてきてくれる人を迎えるとき、どんな緊張感で待っているかを、自分なりに納得のいく形で表現した人、その気持ちをピタッと受け止める来訪者、両方の張りつめた意気込みのようなものを感じて、私は感動したのだった。それが私の思い込みだったとしても、私には生涯の、忘れられない話なのだ。

「私たち、そういう緊張感を忘れていたと思わない？　いつも何かを追いかけて、いそがしがっている。そのために生活の中からこぼれ落ちてしまった大事なものがあるかもね」

扇谷さん御夫妻もすでに他界された。私の中にだけ残っている話だった。

さまざまなくらしの器、それぞれの感じ方

そんな話を思い出したのは、草花の水やりをしていて、庭の敷石につまずいたのがきっかけだった。揚げたつもりの足が、思いのままにはなっていなかった。随分気をつけているつもりでも、「またやった」と思うことが度々ある。それでも、転び方がうまいな、とけがもしないですんだことに感心してみたり、「ただし、次も同じではないぞ」と自分で言葉に出してみたり。

私の古い友人は、縁側の外にあった大きな敷石にそろえてあった庭下駄を履こうと

して足をすべらせ、足首の骨折で一生杖を手放せなくなった。まだ五十代だった。

「敷石はこわい」

と、いつも思っているのだが、転んだことへの自戒から、扇谷さんの打ち水に感動されたことを思い出したのだ。よし、私も今日は打ち水でもして、夕方の涼をたのしもうかと思った。

その日「カレーをいっぱい作ったから、おばちゃんのところへ持っていってあげなさいとママがいったから」と、姪の娘が訪ねてきた。私はその娘にきいてみた。大学生である。

「打ち水って言葉、きいたことあるかな」

娘は首を振る。私は、わかってもらわなくてもいい、というつもりで敷石の打ち水についての話をしてみた。誰かに話しておきたくなったのだ。反応は淡かっ

た。

「敷石も打ち水もわかんない」

という。私は庭の敷石を指し示しながら、

「あの、とびとびに置いてあるのが敷石、それに水をまくことよ。水をまくと、気温が下がって、こんな夕方、涼しさが感じられるの」

何だか変な説明になってしまった。娘は、

「そうか、打ち水っていうから、箒か何かに水をかけて石をたたくのかと思ったよ」

と笑う。そうだろうなと私も笑った。マンション育ちのその子にとっては、打ち水に出会ったこともないだろうし、わが家にきて敷石の上をとびまわっていた子供の頃、誰もそれを「敷石というものだ」などと教えたこともない。

くらしの器である住まいの中で、ごく素直に順応してくらしてきた姪たち家族には、私とは別のものの感じ方があるだろう。私は、やはり自分の感受性でつかんだ、打ち水に込めた人の思いを、大切に考えたいし、忘れたくない。

夏休み

駅前の〝大都会〟を歩いて思うこと

仕事で静岡へいった。日帰りだから仕方ないとはいえ、先でたててくれた予定表を見て、若い人の作ってくれたものだとすぐわかった。空き時間のできないように、ギリギリに予定が組まれているので、今の私にはやっとこなせるスケジュールだったが、まあ何とか仕事はすませて、駅まで送ってもらったのは、私の乗る列車の出発二十分前だった。

仕事ではあっても、せっかく東京を離れてきたのだから、留守番を頼んだ人へのおみやげも買いたかったが、あきらめて、ほんの十分ほどを、駅前でも歩いておこうと思った。

一時間くらいあとの列車に変えてもいいが、せっかく静岡に止まる「ひかり」の特急券を用意してくれたのだからと、そのまま帰ろうと思ったのだ。でも、それがよかった。

二年ぶりの静岡だったが、ほんの十分の散歩でも、駅周辺は「また新しい建物ができた」という感じで、私の住む東京・杉並あたりから見ると「わあ、大都会だ」と思うにぎやかさだ。とくに県の中心地だから役所や会社、ホテルやマンションなど、大きな建物ばかりで、わが家のあたりは田舎だと思った。

今は日本じゅう、どこへいっても大都市の駅周辺は同じような風景になってしまったので、とくに期待感をもっているわけではないが、何か駅前というところに私はその土地らしさを求めて、そのへんを歩いてみたくなる。ただこの頃は、ビルの林立する駅前風景を見ていても、もしも電力が得られないという状態なんか起こったら、あのビルの上にいる人はどうなるかしら、そうしたら、どんな風景になっていくのかしら、そんな日が絶対にこないとはいいきれないのだから、と考える。静岡駅前に立っても、そんなことを思っている自分に気づいて「こんなこと考えるのは時代おくれなのかなあ」と一人つぶやいた。

朝、東京を出るときも、修学旅行の団体列車が隣のホームに止まっているのを見たが、帰りも中学生の修学旅行と同じ列車に乗り合わせていたことを、降りたとき知った。旅行シーズンという時期でもない。今は都合のいいときが旅行どき、ということになったのかしらと、元気いっぱいの中学生たちを眺めた。

家族の思いが交錯する夏休み

「都合のいいときが」といっても、夏休みは足並みそろえてだ。子供たちには待ち遠しかった夏休みでも、親たちにとってはいそがしく「休まらないのが夏休み」であるという。私の友人の娘など、「受難の季節」だとまでいっている。

小学五年と中学一年の二人の息子が、夏休みになると朝はいつまでも寝ているし、食事もバラバラ、友達のところへいったかと思えばすぐ帰ってきて、その上「Nくんのお母さんお仕事だから、ごはんにしてよ」と、友達の分まで作らされる。ジュースだ麦茶だと冷蔵庫は何度もあけられるし、そのうちまた誰を呼ぼうとかいい出して、大きなからだの中学生が何人も家の中にいると圧迫感がある。自分のような専業主婦は少ないせいか、子供の夏休みは炊き出しおばさんみたいで、早く学校がはじまってくれないかと待っている、と話していたのを思い出す。親としては、目のとどかないところで何かされるより、安心だから自由にさせているのだともいっていた。子育てはエネルギーのあるうちでないとできないだろうと思う。

もちろん、家族旅行をたのしむということもあるだろう。東京がひっそりする「民族大移動」などといわれる旧盆の里帰りも夏休みの行事だ。ふるさとの親は心待ちにしているに違いない。しかし、跡取り夫婦には頭の痛いことも多いようだ。

夏休みの終わり頃になると、必ずといっていいほど、地方新聞の投書らんなどに、夏休みの里帰りを迎える跡取りの妻の投書が寄せられる。むかしの嫁は、それが長男の嫁のつとめと自分にいいきかせて、もてなしに精いっぱいだったが、今は地方も都会もなく、何か

の仕事をもっている主婦たちだ。仕事を休み、寝具から食事の世話、お風呂の用意やすべてのあとしまつと、つかれ果ててしまうというのだ。それはよくわかる。

いつか、この問題を特集した地方新聞から、郷里を訪ねる側と迎える側、また周辺の人の意見などを集めて、それに対するコメントを求められたことがあった。私はどちらの体験もないので、勝手な意見を書いたが、その特集を読んで私の印象に残ったのは「都会ぐらしの次男の妻」という人の意見だった。

「お兄さんは跡取りとして家をもらうのだし、生活は家業をついで安定している。その奥さんなのだから、年に一度御先祖さまのお墓まいりに帰る家族をもてなすくらい、文句はないはず」

というのであった。持ち家のほしい都会ぐらしの人の気持ちなのだと、批判もできなかったが賛成する気にもなれず、それぞれの心をのぞいた思いだった。

駅前は大都会だが、どこでも、ちょっと奥に入ると、全く違う表情や顔の「くらし」があることを考えた。

わらびもち

友情をつなぐ「すぎまるくん」

高輪に住んでいた旧友が、私の住む杉並区に移ってきたのは十五年前。車を運転できた間はときどき遊びにきてくれたが、八十歳近くなって病気をしてから、もう無理かもしれないと運転をやめた。

電車でとなると、同じ区内でも大まわりをしなくてはならず、歩く距離も長く、税金申告のときだけしか顔を見せなくなった。私の住まいのすぐそばに杉並税務署があるので、

「税金の季節の七夕さまみたい」

と笑いあった。そして税金シーズンのデートのたびに、友人は駅近くの和菓子屋から「わらびもち」を買ってきてくれた。自分が好きなので、阿佐谷にきたときは、い

つも買って帰るので、私にも買ってきてくれるのだった。ただ、その店のは私が京都でたべたわらびもちで有名な店の三角形とは違って、まんまるく作ってあり、黒みつと黄な粉が添えてあり、冷やしてたべるとおいしかった。

最近は近所のコンビニでも、まんまるわらびもちが一人前用セットになって一〇〇円で売り出されている。東京ではこういう形のわらびもちが定着したのかしらと思っている。

数年前から友人と私の住まいを結んでくれるバスができた。具体的に書くと、JR阿佐谷駅から井の頭線の浜田山駅の間を走る区内の一〇〇円バスで、幼稚園のお迎えバスみたいなかわいい車だ。名前も「すぎまる」で、私は「すぎまるくん」と呼んでいる。タクシーで帰宅するとき私が車を降りるところ、税務署の前にバス停ができたので、まるで私のためにバス停ができたようだと喜んだ。しかも、浜田山駅前の友人のマンションのごく近くにもバス停ができたため、再び友人とのつきあいが密になった。すぎまるくんのおかげで、おいしいお菓子のおすそ分けにあずかったり、すきやきをたべようと、一人では味けない鍋料理を二人でたべたりと、友人との間が以前より近くなった。

「だって、一〇〇円で十五分でこられるんですものね」
と友人はいい、私も気をいれてわらびもちを作ってごちそうした。二人とも大好きなわらびもちに満足してよくしゃべった。

葛粉で作るわらびもちもどき

私は黒砂糖の味が好きだ。濃い味つけの煮物や、めん類のつけ汁にも、少量の黒みつを加えると、コクがでるように思うので、それとわからぬほどのかくし味にする。黒みつは黒砂糖を煮とかして、アクをすくい取りながら好みの濃さに煮詰めればいい。なかなか重宝な調味料でもあるので、私は冷蔵庫に常備している。

おやつにも大活躍する。冬はお餅を焼いて黒みつをからめ、黄な粉をまぶして「あべ川」に、春はよもぎもちに、そして夏はわらびもちや白玉にも。もちろん、みつ豆やところてんにも黒みつが活躍する。私は二杯酢に弱くて、すぐむせる。だからところてんも黒みつでたべる。

わらび粉はどこにでも売っているというわけではないので、よく切らしてしまう。

そんなとき、急にわらびもちがたべたくなったり、友人のような「わらびもち大好き」がくると、葛粉でわらびもちもどきを作ることも多い。葛もちといってもいいのだが、市販の葛もちのイメージがあるので、むしろ、わらびもちの味をとって「もどき」をつけておく。

葛粉は料理にもよく使うので、吉野葛を切らさないようにしている。葛粉一、水五の割合でとかし、黒みつを少し加え、火にかけながら水分を飛ばすつもりで絶えずかきまぜる。うす墨色の透明になり、ぽってりと木じゃくしにまとわりつくまで、ていねいに練り上げる。水でぬらした流し箱に流し入れ、手に冷水をつけながら表面を平らにならす。これででき上がりで、冷えたら好きな大きさの三角に切り、黒みつと黄な粉で、あべ川のようにしてたべる。厚みは三センチくら

い。

やっぱり、作りたてを冷えたところでたべるのが一番おいしいから、私は一人のときのおやつにはあり合わせのおべんとう箱にでも流し、気軽に作る。書くと面倒のようだが、本当に簡単でおいしいものができる。

こういうたべものは、私たち世代のものにはおいしいけれど、若い人にはあまり好まれない味かもしれないと思い込んでいたが、親類のものが急に子連れで遊びにきたとき、何もお菓子の用意がなかったので、大急ぎで「もどき」を作って、まだ冷えてないのをたべさせたら、

「これ、おいしいね。おばちゃん、もっとないの」

といわれておどろいた。この頃の子は、やわらかいものばかりたべているので、おいしいと感じたのかな、と私は思った。親夫婦はよくよく味わうように口に入れ、

「これ、和菓子なのかな」といっていた。この頃の「和」のブームで、若い両親も和菓子に関心をもち出したようだった。ちなみに、私はわらびもちの方に甘みはつけないが、子供には少し砂糖を入れてもいいと思う。

行列で思い出すのは

戦時中の「行列」

行列のできるラーメン屋さんとか、回転ずしからタコ焼き屋さんまで、「行列ができる店」は「おいしい店」の代名詞になっている昨今だ。

「おばちゃん、この豚まんはいま評判の店のものだけど、まだあたたかいから、このままたべてみない？」

姪がもってきてくれた包みをあけると、ぷうんといいにおいが立ち、まだむしなおしをしなくてもたべられそうだった。知人の音楽会に、いっしょにいくので私を迎えにきてくれたのだが、最近、姪の家に近い駅ビルに入った豚まん専門店の品だといった。

「豚まんしか売っていない、小さな店なんだけど、いつも行列ができているのよ。本店は神戸にあるとかきいたけど」

とのこと。いっしょに軽くおそばでもたべてから音楽会にいき、あとで食事をするつもりだったが、豚まんも魅力があった。小ぶりの肉まんで、皮のしっとりかげんが程よく、肉と野菜の味つけもいいいし、値段をきいて、実質的なところも気にいった。ゆっくり味わってから出かけた車の中で、私はこんな話をした。

「おばちゃんはね、行列してたべものを買うときくと、すぐ戦争中の生活を思い出すの。くいしん坊のおばちゃんが、それで食欲をなくすこともある。でも豚まんはおいしかった」

と、姪の母と二人でアパートぐらしをしていた頃の、たべもののなかった話をした。妹は音楽学校に、私は栄養学校に通っていた。たべものは配給制で、外食でおいしいものをたべるなんてとんでもないこと、外食券食堂というのはあったが、店の開く二時間ほどの間は行列ができた。

顔がうつる程の汁だくさんの雑炊一杯をたべるため、米の配給から削られる外食券とお金を払ってたべるものだった。それでも、じっと待って食堂に入る人は、自宅で料理をするには不便な環境だったのだろう。私は、妹と二人分の食材を手に入れるの

に、街で行列を見かければ、まず列のあとについてから、

「何を売るんでしょうか」

と前の人にきいたりする状態だった。前の人もまた「さあ」といい、思わず笑ってしまったこともいくどかあった。

こっそり食料を持ち込んできて高く売る、いわゆる闇屋が、物かげや空家などで店開きをしていた。地域の人は暗黙のうちにそれを知っていて、場所や時間の申し合わせもあったらしい。たまたま通りかかって行列を見かけると、何だかわからないが、並んでいるとたべものが買えるときがあったのだ。お金はあっても、ものが買えない時代だった。闇売りも闇買いも罪になったからだ。

ある日、並んで買えた干しりんご一袋。汚れた新聞紙の袋だった。アパートに帰って干しりんごをよくよく洗い、煮りんごにして、少し持っていた甘味料のサッカリンを加え、うす甘い煮汁といっしょにデザートにしたときのおいしかったこと。

そんな経験をしてきたせいか、私は、行列してたべものを買うとか、たべもの屋の前で並んで待つというのが嫌いだ。戦争が終わったら、二度とたべもののために行列なんかしないぞと思っていた。

平和な時代に感じるあやうさ

安くておいしいものをたべるために、堂々と並ぶ今は、それがたのしいことだから
だが、生きるために、罪になろうとも行列をやめられなかったいやな思い出が、「行列」への拒否反応になって私の中に残っているらしい。

同じような体験からだろうが、いまだに、さつまいもとカボチャは「生涯たべたくない」という人は多い。とくに男性に多いが、私もそうだった。でも、今はおいしくなったから喜んでたべているが、飢えをしのぐためだけに作られた、味もないようなさつまいもやカボチャが、どんなにまずかったか、しっかりおぼえている。平和な時代になって、たべものも潤沢になったら、こんなもの一生たべるものかと思ったほど、まずいものだった。

「おばちゃんも、そんなまずいものをたべて生きのびてきたんだ。ママも、そんな話したことあったけど、うそだと思っていた。ときどき行列しても、せいぜい豚まん買ってきてあげるね」

姪はそんなことをいった。もの心ついてから、たべものに不自由をしたことのない姪たちの食生活は、たとえば家族四人、朝食はパンとベーコンエッグとサラダ。コーヒーか紅茶で、どこのパンがいいとか、紅茶はどれがいい、などといっている。一人の昼食は残りものをたべるが夕食は中華風の主菜といため野菜をとといった献立が、ごくあたりまえだそうだ。
しかし先日の新聞に、もし日本に輸入食糧が途絶えれば、かつての飢えの時代に近い、さつまいもなどが大切な食糧になることを絵入りで報じていた。一方では牛肉を買え買えと責めたてられる。あやうさばかりが目につく私たちの国だ。こんなときだからこそ、せめて、心だけはやせないように日々を過ごしたい。

備えるということ

いつ襲ってくるかわからない災害

頻発する地震や水害などに備えておきたいという品がいろいろ売り出されている。震災にあった友人が、自分も買ったのでと、そんな商品のひとつをプレゼントしてくれた。アメリカ製で、のみ水、食料品、毛布がわりの保温シート、この三点がセットされているもの。水や食料は一人三日分という組み合わせで五年間の品質保証とある。私は庭への出入口近くをそれの置き場所にきめた。

私の住まいは地域の人たちの避難場所に近い比較的安全な場所にあるので、火事さえなければ、家はつぶれても、買いおきの保存食品や庭の草をたべても何とか数日は生きていかれると思う。町なかに住む親類のものにも、わが家を避難先にしなさいといってある。

関西であの大地震を体験した人にきいた話から、私はベッドのそばにゴム長靴と大型の懐中電灯を置いている。その人は神戸でマンションぐらしをしていたが、あの地震で飛び起きたときは停電で、何がどこにあるか突然のことに、ただおろおろしたという。ガラス類が割れたのは音でわかったので、足をけがしないようにと、スリッパを探しあて、小さな懐中電灯を見つけるまでに時間がかかったのが一番こわかったといっていた。

地震がないと思っていた神戸に住んでいたため、こういう備えを忘れていたのだともいっていたが、その話をきいてから、私のゴム長靴はベッドのわきが置き場所になった。雪かきのときくらいしか出番のなかった長靴だが、厚手のソックスを履いていてもすぐに履けるし、何かにぶつかっても安心だから長靴を選んだ。親類のものに、いくら何でも寝室に長靴とはみっともないといわれたが、今の私は動作がのろいので、それでいいと思っている。

災害用の備えではないのだが、一人ぐらしの私は、もし急病で突然の入院などということになったとき、持っていくものをまとめたバッグがある。親類のものには置き場所を知らせてあり、あとで届けてもらうかもしれないことに備えている。考えてみたら、災害時の非常持ち出しにも役に立つと思ったので、書き加えておく。

バッグは二つで、一つにはねまき用に仕立てたゆかた、バスタオル、浴用タオルを各二枚、おしぼりタオルは六枚、その他下着の替えやスリッパ、洗面用具といつも使いつけの乳液、コンパクト、口紅、ヘアブラシ、小型のティッシュペーパー一箱。

もう一つのバッグには、ごはん茶わん、湯のみ茶わん、箸とふきん、ほかに、はがき、便箋、ボールペン、原稿用紙と封筒など。万年筆と認め印はハンドバッグに入れてあるし、健康保険証も同様にバッグの常備品だ。

忘れてはならない、いざというときの備え

私たち東京大空襲を体験している世代は用心深い。空襲で焼け出された友人が、焼けあとの自分の家のあとに立って、見舞にいった私にいった言葉を忘れない。

「何もかも辛いけど、今一番辛いのは、すすけた顔をごしごし洗ったら、あと顔につけるものがなくて、顔がつっ張っていること。痛いのよ」

私はどこかで買えないかと、クリームを探しまわった記憶がある。買えるお金があ

っても買えない時代の話である。

今はコンビニでもすぐ買えるけれど、やはり私は、すぐ必要なもののなかに乳液を入れている。ふだん使いにしているので、新しいものを買うとバッグの中の品と入れ替えて使うことにしている。

災害とか突然の入院への私の備えはその程度だが、書き並べればずいぶん多い。しかし小さくまとまっている。とっさのときには、必要なものを集めようとしてもできないと思う。

ついでに書いておくと、私は、ずっと以前に買った缶入りの水を、捨てずに物置に入れてある。水道が使えないときの手洗いなどに役立つと思うからで、缶が錆びてきたら、捨てようと思う。ふだんは夜寝る前に二リットル入りのやかんに水を一ぱい張っておく。炭も七輪も、これは庭でバーベキューをするので買って

あるものだが、災害時にも役立つと思っている。ガスも電気も使えない時間があるかもしれない。そんなときのためにというより、炭や七輪の出番はたのしい時間に限ることを願っている。そして今まですべての備品を使わずにすんできたことのしあわせに感謝している。

庭の青いものがどんどん伸び、花の季節の移り変わりを見ていると、私の周囲は本当に静かで、平和な時間が流れている。そういう中でも、万一のときの備えを忘れてはいけないのだと、私は自分にいいきかせてくらしてきたが、辛い体験をもたず、豊かな中で大切に育てられてきた若い人たちには、そんな私がよくわからない存在らしい。姪の娘などは、いつくるかわからない災害に備えるなら、お金が一番軽くていい。何でも買えばいいじゃないかというのだが、あえて私は反論もしないでいる。

秋の章

花を見て思う
秋じたく

おしゃれごころ

気ままなくらしは〝女〟を忘れる？

郵便物の中に「D・F・W店からのセールのお知らせ」というはがきが入っていた。ファッション関係の店である。高齢社会をよくする女性の会で、会員がモデルになってのファッションショーをやったとき、着るもののデザインと制作を受けもってくれたのがその店の女主人であった。私も太めの体形が目立たないようなドレスと、黒いパンタロンスーツの二着を作ってもらい、それらを着てステージを歩いた。

パンタロンスーツは、とても気にいって長い間愛用していた。ブラウスやスエーターを替えることで、いろいろに着こなせるのが便利だった。十年以上、毎年そのスーツが一番活躍したが、ついに擦り切れてきた。庭仕事のときに、すそを長ぐつに押し込んでパンタロンはなお活躍したが、上着は親類のものが車をみがくのに使ってくれるといった。最後まで使い切ってうれしかった。

D・F・Wの店にはその後いくどか立ち寄ったが、私に着られるサイズのものがなく、買い物もしていないのに、いつも季節が変わるときはセールの案内をくれる。

はじめて店の主人に会ったとき、D・F・Wの意味を尋ねたら、

「ドント・フォーゲット・ウーマンですよ」

と教えてくれた。「いくつになっても、どんな体形であっても、女であることを忘れるな」、といいたいのだと店主はいった。それをきき、私はスーツ下にと、D・F・Wの縫取の入った黄土色のスエーターを買った。とても着やすくて、よれよれになるまで着ていたことを、これを書いていて思い出した。

久しぶりにD・F・Wの文字を見て「この頃は私、女を忘れてくらしているかもしれないな」とひとりごとをいった。年をとって、気ままにくらしていると、女とか男とか考えることもなく、だんだん抽象的な人間になっていくような気がするのだ。

もちろん、身ぎれいにくらすというおしゃれ心は忘れないようにと、いつも思ってはいるが、それは女も男も同じこと。むさくるしいのは、はためいわくだからつつしまなければならない。

萩を見て考えた今年の秋支度

先日、地下鉄で座席にすわっていたら、私の前に立った四十代くらいの女性が二人で話していた。地下鉄の中なので大声で話しているため、私にも全部きこえていた。その会話が耳に残っている。

「ひと月ほど前だけど、私、大変な目にあってねえ。自転車で買物にいって、前と後ろのカゴにいっぱい買ったものを詰め込んで走っていたら、子供がいきなり飛び出してきたので、よけようと思ったら荷物が重かったせいかバランスをくずして、ひっくり返ってしまったの。頭を強く打って、しばらく気を失っていたらしいのね。気がついたときは救急車に乗せられるところで、病院についたらスッポンポンで寝まきに着替えさせられ、手術台みたいなところにのせられてしまって。私、まずシマッタと思ったのは、今朝下着を替えなかったこと。汚れていたらどうしようと、けがのことより、そっちを心配しちゃった」

私も身にしみてきいていた。いつ、何が起こるかわからない。しかし、頭を打って

失神し、検査を受けるという大変なときに、まず、着ていた下着の心配をするなんて、やはり「女のたしなみ」にこだわっている人なのだと、私から見ればずっと若い人の心を思った。

その日のことを考えながら庭に出たら、萩の花の蕾がふたつほど色づいているのを見かけた。萩は私にとって「秋支度にかかりなさい」と知らせてくれる花である。かつて私は、庭に咲く花を見ては〝季節家事〟の計画をたてた。それを花の家事暦と名づけて、何の花が咲きはじめたら、どんな家事に手をつけるかという、季節家事のおぼえ書き代わりにしていた。

家事と介護と仕事が重なった頃、私はつかれ果てていた。上手に家事の手を抜くことばかり考えていた。急に肌寒い日がきて、防虫剤のにおうコートを着て外出しなければならないときなど、どうにもならないほど気持ちが沈んでしまったこともある。といって、誰に泣きごともいえず、何かの拍子に、庭に咲く花で季節の家事を思い出す手はないかと考えたことから生まれたアイデアだった。

実生活は一方ではきれいな手でおいしい料理を作っても、片方ではごみの処理とか、あちこちの汚れを掃除したりという手を汚すことも並行してしなければいけない。四季のある日本では、毎日のことだけではなく、季節による家事もまた大仕事だ。庭があれば草木の手入れも大事だし、古い家はいたみもある。台風シーズンには補強も必要なときがある。家事の心づもりは、手ぬきをしてはならないことであった。

長いこと、しなければならないことに追いまくられるような生活をしていたことを思い出し、いつもD・F・Wとはいかなかった自分を思い、「あの頃だってWを忘れていたかもしれない」とひとりごとをいった。

そして突然、この秋には、いい生地の着やすいパンタロンスーツを新調しようと思った。

おむすびとおにぎり

「おむすび」の響きに感じるしたしみ

「おにぎり」も「おむすび」も同じもの、と意識もしないでどちらも使ってきた言葉のように思っていたが、いつだったか、
「おにぎりというのは関東のいい方、関西ではおむすびなの」
と、誰かにきいたことがある。幼い頃、叔父に買ってもらった雑誌に「おむすびころりん」という「お話」が出ていて、それが面白かったのか、今も話の筋をよくおぼえている。

山仕事にいったやさしいおじいさんが、おべんとうをたべようと、おばあさんの作ってくれたおむすびを出して、口に入れようとしたところで、うっかり取り落としてしまった。山の上からころころと転がっていったおむすびが、やがて大木の根元の穴

の中に落ちていった。おじいさんはおむすびを追いかけて穴の中をのぞくと、これはびっくり、中は広いきれいなお座敷で、美しいお姫さまが手まねきしていた。入ってみると、おむすびはきれいな金のお皿にのっていて、まわりにはおじいさんの見たこともないごちそうがどっさり添えてあり、おじいさんを大切にもてなしてくれた。

家に帰ったおじいさんが、おばあさんにその話をすると、盗みぎきした隣のおじいさんは、翌朝いそいそと山にいき、仕事もしないでおむすびを転がし、それを追いかけたら、転んで歩けなくなった。隣のおじいさんは、欲ばりで近所の嫌われものだったそうな、という話。いま思えば、浦島太郎や舌切り雀や、いろいろな昔ばなしをまぜこぜにしたような「お話」だった。叔父に買ってもらった雑誌がどんなものだったかは思い出せないが、「おむすびころりん」という、弾むような題名が面白くて忘れられない。

あの「お話」を書いたのは関西の人だったのだろうか、などとそのとき思ったりしたが、東京に生まれて、他の土地に住んだことのない私が、握りめしを「おむすび」というのは、幼い日にしたしんだ、おむすびころりんの影響かもしれない。

それに、「握り屋」とか「お握り」という言葉には、握ったら離さないという欲ばりの意味もある。そんなことからも、おむすびの方が呼び方としては私は好きだ。あの、ごはんの一粒ずつが、寄り添って離れがたい風情なのに、口に入れればはらりとくずれていく、作った人のそれぞれの力の入れぐあいで味も違う、そのおいしさがおむすびなのだと思う。

おいしくできている市販のおむすび

「おむすび」「おにぎり」は、今はコンビニかデパ地下、駅の売店などで買うのがあたりまえになっている。いつか、若い人たちとハイキングにいったとき、私が自分で

作ったおむすびを開いたら、

「あら、手作りのおにぎりですか？　おいしそう。でも、これもおいしいんですよ。ひとつたべてみませんか」

と、コンビニで買ってきたという、パリパリの海苔に包まれたおむすびをくれた。たべてみると、ごはんがおいしい。中に入っていたのは、マヨネーズで和えたシーチキンだった。こういう具入りもはじめての味で、私なんかおむすびの中に入れるとしたら、塩鮭、焼きたらこ、梅ぼし、塩昆布、おかかくらいしか思いつかない。シーチキンのマヨネーズ和えとは、自由な発想だとは思ったが、感想としては、「このシーチキンとマヨネーズなしだったら、もっとおいしそうだけど」というのが実感だった。食べるものに対しては、どうも保守的な私である。

そういえば、私の姪は焼きおむすびが好きで、今は、冷凍食品の焼きおむすびにこっているという。姪も一人ぐらしで、お昼によくたべているとか。とてもよくできているというので、先日ひとつたべさせてもらって、びっくりした。なるほど、おいしい。

ほかほかべんとうを売り出した人の話として、お米は絶対にいいものを使わなければ売れないと思った、というのをきいたが、焼きおむすびもコンビニのおむすびも、いいお米が選ばれている。ごはんだけが売りものの商品なのだから、当然、品質選びもきびしいであろうし、それを材料に大量を一度に炊くごはんは、素直においしいと感じる。姪の好んで買う冷凍焼きおむすびも、しょうゆで味つけしただけのシンプルな味と香りが、本当においしかった。電子レンジで一、二分で味わえる味だ。

新潟でも一番おいしいお米がとれるといわれる魚沼のある町へ講演にいったとき、町長さんから町の自慢のものとしておみやげにいただいた、お米と農協産ごはんのパックを味わってから、私も、ときどき、パック入りのごはんを買いおきする。急にたべたいとき、あるいはつかれて家に帰って食事のしたくも辛いようなとき、おいしいごはんがすぐ用意できるのはうれしい。保存食はいつも用意がある。組み合わせを考えてたべれば、きちんとした食事になる。

毎日を、ていねいに生きていれば、ときに市販されているごはんやおむすびもおいしくたべられる。しかし、毎日それでは飽きるのがパックされた食品であろう。

お菓子のしおり

廃れゆく季節感が和菓子屋さんに

「身辺整理をしていたら、あなたが新聞に連載していた記事の切り抜きが出てきて、ごぶさたしていたことを思い出し、これを書いています」

こんな手紙をくれた人がいる。私も毎日、家の中を一部分ずつ整理をしているが、長年物置に保存しているものなど、ほこりだらけになっていて、それを掃除してからでないと手がつけられない。とくに暑いときは辛い。はかどらないので、つかれてしまう。

どうしても必要になって、以前から集めていた箸袋とか、自分がたべたお菓子のしおりのスクラップブックを探していた。物置が雨もりしたので作り替えたとき、古いものはひとまとめにして奥の方に押し込んだことを思い出し、やっと探し出した。

お菓子のしおりといっても、私が集めたのは和菓子だけで、それには理由があった。昭和四十年代で、当時は何といっても洋菓子ブーム、和菓子は忘れ去られていくのだろうかと思われた時代であった。

そんなとき、青森の旅から帰ってきたといって、夫の友人が訪ねてきた。そしてこんな話をしてくれた。

「鯵ヶ沢という町にいったら、京都で買ったことのある菓子と、そっくりの菓子を売る店があったんだ。むかし、北前船の人が持ってきたのを、この町の菓子職人が工夫して作り出したものだときいてきたが、調べてみると面白いと思う」

夫の親友で、彼は甘党だった。その後、菓子の風土記のような、たのしい一冊を残している。私は夫たちの話をききながら、お菓子そのものより、北前船が荷物と共に文化も運んでいたということに興味をもった。

当時私は料理の仕事をしていた。日本のたべものから季節感が消えて、冬でもキュウリやナスが八百屋の店先に並び、魚も旬を尊ぶというより、一年中たべられることに意味がある、という時代になっていた。

そんな中で、四季のうつろいを感じさせてくれるのは、和菓子屋さんのショーケー

スをのぞくときだった。お菓子の好きな私は、よく出先で見つけたお菓子の店に入って、おいしそうなのを買って帰った。テレビの仕事で和菓子の老舗を取材したこともある。古くからの職人さんが、練り切りで花やくだものの形を作る技術を見せてくれて、その手の技のすばらしさに感動してしまったこともある。
　手のひらと、竹べら一枚で作り出される季節感は伝統芸のひとつだと思った。
　春は菜の花畑を思わせるきんとん。櫻もちやよもぎもち。初夏には青梅やあじさい、柏もちなど。夏は冷やしてたべるとおいしい水羊かんや葛ざくら。そして秋は栗や柿を使ってのきんとんや栗むし羊かん。そして冬は切り山椒や花びらもちのような一時期だけ出てきて季節を知らせるものや椿もちなどなど。その菓子を作る技術を、頑固に守ってきた職人さんたちの、決して豊かとはいえない生活にも、あらためて私の目はひろがっていった。日本の手の技を消さずに伝えてきた人たちは、一部の人以外、それほど報いられていないことも
あらためて知った。

しあわせな働く場　職人さんの思い出

食にかかわる仕事を選んだことが幸いして、ラジオやテレビに出演したり台本を書いたりということも私は経験した。おかげで、一流ホテルの料理長さんや料亭の板前さん、料理の先生方を訪ねて、料理を作っていただき、その場でたべさせていただくという、何ともしあわせな働く場を得ていた。お菓子の老舗に取材にいって、いろいろたべさせていただいたこともあった。


「こんなお菓子屋さんにつとめたら、私だったら毎日つまみぐいをしてしまいそう」

といったら、対応してくれた職人さんが、笑いながらいった。

「私も小僧の頃は、たべたこともない練り切りだの羊かんだの、たべたくてね。旦那さんから、何でもたべたいだけたべろといわれたときは、そりゃうれしくてね。何度

も、のどまでたべさせてもらいましたよ。それだけたべると、もう、つまみぐいもしなくなりましたよ」

高級和菓子は庶民のものではなかったのだ。作る人の収入ではたべられる値段ではなく、お屋敷や高級料亭へ見本を持って注文を取りにいき、数をととのえて届ける、そんな大層なものだったようだ。だからこそ、店売りには、高級菓子のいわれ書きも必要だったのかもしれない。

私が子供の頃からたべられたのは、大福もちや串だんご、すはまなどの餅菓子で、特別のいわれもつけず、餅菓子屋と呼ばれる店で買うものだった。そんな思い出や、おいしい和菓子がたべられるようになった喜びから、関心も深くなっていき、自分のたべたお菓子のしおりを集めはじめた。いつの間にかそれが三冊のスクラップブックになっていた。そしてまた、これからも、しおりを集めていこうと思う。

住みなれた町の近所づきあい

クリーニング屋さんのあたたかな心づかい

玄関のベルに「はあい」と大声で答えたが、同時に電話のベルが鳴り出した。どちらを先にしようかと迷ったが、とりあえず電話に、そして玄関に人がみえていることを伝えて、ちょっと待ってもらおうと、とっさにきめた。一人ぐらしではよくあることだ。

「ちょっとお待ち下さい」

と玄関に声をかけた。せまいところだから大声を出せば家中にきこえるし、外にも声はとどく。受話器の向うからきこえてきたのは、

「お近くにできた霊園のお知らせですが」

で、墓地を買えという用件。

「うちは墓地がありますので」

と答え、すぐ玄関にいそいだらクリーニング屋さんだった。いつもは自分で洗うレースのカーテンやタオルケット、シーツやピロケースなど出したら、おや？　という表情で私を見た。

「急に血圧が上がったもので、少し静かにしていなさいって、お医者さんにいわれてしまって。だから、家事をなまけています」

と笑ったら、

「気をつけて下さいよ」

そういってくれた。帰って、一時間ほど過ぎた頃、またクリーニング屋さんがきて、

「血圧にいいそうですから、たべて下さい」

スーパーのレジ袋いっぱいに、ラッキョウだの玄米黒酢、酢昆布やくだものなどが入っていた。ていねいにお礼をいうひまもなくクリーニング屋さんは帰っていった。

夫が生きていた頃からの長いつきあいで、そのクリーニング屋さんがガンを患ったこと、数年前には奥さんに先立たれて、仕事の面でも何かと不自由なくらしになったことなど、私もきいていた。それとなく、なぐさめの言葉をかけたりしていた。

一人ぐらしになってからは、洗濯ものも少なくなり、クリーニングの御用ききをしてもらうのは申しわけないのだが、年をとると自分で持ち運ぶのは大変になる。今の私にとっては、なじみのクリーニング屋さんは大切な助っ人なのである。

家族そろっていた頃は、三人分の衣類だったから、とくに寒い季節が終わったときなどはクリーニング代もうっかりできない額になった。ウールものは、手まめに手入れはしていても、しまい込むときはクリーニングに出さないと心配だった。思わぬところに食べこぼしやお酒のしみなどがかくれているかもしれないので、男ものは必ずクリーニングに出したが、自分のものは冬ものでも一年おきにしていた。そのかわり、簡易クリーニングはていねいにした。

ふとんたたきでほこりをたたき出し、ていねいにブラッシング。風通しのいいベランダでそんな作業をしていると心がやすらぐ。熱いお湯に台所用洗剤を少し加えた中にタオルをひたし、かたくしぼってブラシをかけたあとをすみずみまで拭く。えり、袖口などは更にベンジンで拭き、あとはスチームアイロンで仕上げをすると、すっきりとする。今年はクリーニングに出さないぞときめているときは、着ている季節中にも同じ手入れを何度もして、汚れを残さないようにしていた。

そんな時代からのおつきあいだから、クリーニング屋さんというより、御近所づきあいといった方がいい間柄だったかもしれない。奥さんが元気だった頃は毎年、潮干狩りのおみやげだと、あさりを持ってきてくれたりもした。本当に長いおつきあいである。

思いやりが素直に表現できた町

この頃、こういうつきあいがだんだんに消えていく。私の住みなれた町の商店街も、個人商店というのはだんだん姿を消し、パチンコ店、薬や化粧品のスーパー、一〇〇円ショップなどに変わり、軒を連ねていた小さな店が取りこわされたかと思っているど、あとに大きなマンションが建ち、その一階にかつての小売店が入っているようだが、町の風景はすっかり変わってしまった。それを嘆くわけではないが、代がわりしたり経営者が変わったりして、日用品の買物をしても、人とのかかわりが感じられない。半世紀以上も住んでいるのに、知らない町の商店街を歩いているような気分だ。かつては、買物をしているうちに俄か雨にあい、あわててかけ出す後から声がかかり、

「傘持ってらっしゃいよ」

と、買物をしたわけでもないお豆腐屋のおばさんが呼びとめてくれたりした。お互いに思いやりや信頼感のようなものが、素直に表現できた町だったと思う。

今は駅や地域の住宅街を走る小さなバスの中にも貸し傘が置いてあるが、そばに、借りた傘は必ず返しなさいという注意書きがある。義務を果たせということをうながしているのだが、私の経験した商店街でのつきあいは、「傘持っていらっしゃい」「ありがとう」だけであった。とくにしたしい間柄でなくても、顔見知りの地域の人を裏切れば、そこではくらしていけなくなるルールもあった。信頼に裏づけられたつきあいとでもいったらいい、人づきあいがたしかにあったと思う。

手紙だからこそ語れること

親類に絵はがき作りをすすめてみたら…

このところ、自筆の絵入りはがきをよくいただく。便箋と封筒におそろいの花などを描いた絵手紙もいただく。今朝も風船の飛んでいる絵入りのはがきをいただいた。

昨年夫を見送って心の支えをなくし、生きる姿勢に安定感を失っていた親類のA子に、私は絵手紙や絵はがき作りをすすめてみた。

多少は絵ごころのあることを知っていたので、『會津《あいづ》八一《やいち》の絵手紙』一冊を渡し、私がいただくいろいろな方のはがきや手紙を、絵だけざっと見せて、

「あなたも、こういうのを描いてみてはどう？　絵を描こうとすれば、よくものを見るでしょ？　あなたが、何げない人の言葉をていねいにきいて、たとえば、電車やバスの中できいた話とか、子供たちの話していたことなんかを私に教えてくれるじゃな

い。道ばたで見つけた小さな花のことなども、こんな姿でいい色だったと、こまかく話してくれるわね。そういうことを、あなたの心がつかんだ絵にしてみなさいよ」といってみた。A子の夫はポスターなどを描く仕事をしていたので、画材やいい紙類が残っていることも私はきいていた。そういうものを使って、絵入りのはがきや封筒、便箋などを作り、したしい人たちに使ってもらえたら、少しでも生きる張りあいになるかもしれないと思ったのだ。

幼いときから私の家によくきていたA子とは、気持ちもすぐ通じるせいか、私のすすめにうまく乗ってきて、少しずつ絵入りはがきや便箋などを作り、グリーティングカードなども作りはじめた。私に「どうかしら、こんなのでも使える?」と持ってきてくれるので、私は喜んでそれを使っている。

この頃は消しゴム版で同じ絵柄のはがきを作ることをおぼえ、

「絵の具のつけぐあいや、捺し方の工夫で面白いほど変化があるの。自分で描いた絵を彫るというのも、たのしいわよ」

などと、しんからたのしそうに話す。かつては手紙などほとんど書かなかったA子が、今は一番よく手紙をくれる。私もうれしくなって、あれこれ口出しをする。

お互いを邪魔しないFAXのやりとり

必要なときは電話やFAXも使うが、むかし人間の私は手紙やはがきが好きだ。急を要することでなければ、今の私には新しいものはいらない。でも私には、一人ぐらしのFAX友達が数人いる。電話はいきなり呼び出されるので、ときには困ることもあるのを、一人ぐらし同士はよくわかっている。別にとりきめをしたわけではないが、お互いに都合のよいときに言葉のやりとりをしている。

今朝も仕事の電話中に玄関のベルがけたたましく鳴り、私は、玄関に向かって大声を出したり、電話中の人には、わけを話して玄関に走ったり。こういうことは、若いときは何でもなくできた。家の中を走ることにさえ注意深くしなければならない年齢になると、待たせる先方に迷惑がかかると思い恐縮する。その点自分の文字で伝えるFAXはいい。

そういう私を、すっかりメールにはまっている姪や甥たちは、「FAXよりメールの方がずっと便利なのに、おばちゃんはガンコだねぇ」と笑う。頑固で結構、と私も

笑っている。電車やバスの中で、いや、歩きながらもメールに集中している人たちを見ていると、全く周囲が見えていないようだ。

いつか、知り合いの若い人に、メールではどんなことを伝え合うのかときいたら、たとえば、といって話してくれた。

「いま駅についた、と彼女に打てば、おかえり、ビールが一ヶしか冷えてない、ついでにコンビニで葱二本頼む、なんていうぐあい。先に帰っているのがわかると、アイスクリームなんか買ったりするけど」

ま、それはそれでいい。要するに玩具なのだと納得して、私には用がないと思う。

私は、下手でも自分の字で、思ったことをひとことずつ文字にしていく作業が好きなのだ。手紙は、まずどんなことを書きたいのかを考え、それをいいあらわすにはどんな言葉が適切かと、自分のもっている言葉の中から探すのもたのしい。きまり文句をつなぎ合わせた公文書のような手紙では味けない。

昨年の夏から、ちょうど一年間、清川妙さんとの往復書簡をまとめるため、いろいろなことについて手紙で話し合う機会を得た。

年を重ねたからこそ見えてきたこと、幸せに敏感になることが、どれほど一人ぐらしを豊かにしてくれるか、生涯現役で過ごすためには、どんな心がまえが必要か、といったことを中心に書いた。

一度しか会ったことのなかった私たちが、手紙だからこそ心のひだをていねいに語り合うことができたと思った。この経験は私に、改めて手紙というもののよさを考えさせてくれた。先日、何ヶ月ぶりかで清川さんにお会いしたら、

「手紙というものは、お互いをしたしくしてくれるものですね」

といわれたが、私も全く同感だった。

小学校の同級生

半世紀以上の時を超えた再会

仕事で、芦屋の朝日カルチャーセンターにいったとき、小学校で同級生だったKさんが、突然訪ねてきてくれた。それこそ、半世紀以上を経ての対面だったが、Kさんは娘さんを連れていた。

わずかの時間だったが、近くのお茶の店に案内してもらい、長い長い時間をとび超えて、子供の頃の話をしたが、共通の思い出を話したくても、お互いにおぼえていることが違っているのが面白かった。とにかく私のことをおぼえていてくれたこと、わざわざ講演会場まで訪ねてきてくれたことが、私にはとてもうれしかった。

小学生の頃のつきあいが、今もつづいているのは、仲よしだった同級生の兄さんだけだ。私はよく同級生の家へ遊びにいき、二人で大きな声でおしゃべりなどしている

と、ときどき兄さんが二階から降りてきて、

「おまえたち、キャーキャーさわいでばかりいて、うるさいぞ」

と怒鳴って、また二階へ上っていった。私たちは首をすくめ、外へ出て声がとどかないところまでいってから、

「お兄ちゃんだって、怒鳴り声がうるさいぞー」

といい返して舌を出したりしていた。

同級生と、一級下の妹とも仲よしだったが、二人とも早く亡くなってしまい、何年か兄さんともつきあいが途絶えていた。数年前、突然電話をもらった。

「学校の創立記念の催しをするので、そのときには出てきて、ちょっと挨拶してくれないか」

といわれた。お父さんの時代から、小学校の歯科の校医だった。それを引きついだ兄さんは、PTAの会長とか、同窓会その他の役員を引き受けていたようだ。あとで創立記念式典への招待状をもらったら、そこにいろいろなお役目が書いてあったのを見て知ったのだ。出てこいといわれれば兄さんのいうことに従わざるを得ない。むかしの妹分は、

「はいっ。わかりました」

と引き受けたが、怒鳴られていたときの兄さんの声を思い出し、声も年をとるものだな、と思った。九十歳くらいだろうか。

なつかしさを共に味わう喜び

芦屋で会った同級生は、教室で私と隣合わせの席であったので、むかしの顔をしっかりおぼえていたが、私同様、しわや白髪ですっかり変わっていた。ところが、つき添ってきた娘さんを見て、あいさつより先に、思わず、

「お母さんの子供のときとそっくり」

と、つくづく顔を見てしまった。娘さんといっても、六十代に手のとどく年齢だろう。神戸市内に住んでいて、ときどき一人ぐらしのお母さんの世話に芦屋へ通っているときいた。同級生に、

「もう亡くなったけど、歯医者さんの子のHさん、おぼえていないかな。あの人の兄さんにいわれて、学校の創立五十周年の会にいったけれど、私たちの学校は戦災でな

くなってしまって、今の学校は、名前は同じだけれど、私たちの学校ではないの。私たちは五十年以上前の卒業生ですものね」

と話したら、涙ぐんできいていた。東京の下町から関西に移って結婚、どんなくらしがあったのか私は一切知らない。きこうとは思わなかった。今は一人で気楽な生活だとききき、それでいいと思った。

八十代なかばを過ぎれば、小学校時代の同級生の消息もわからなくなって当然だ。まして戦争を経ている。私は二人だけ消息を知っていたが、芦屋にもう一人いたわけだ。みんな女性である。あの十五年戦争の中で、男性の同級生はいなくなった人も、多かったのだろう。それでなくても、結婚の相手は男性が年上というのが常識だった世代だから、残っているのは女性ばかりということなのだろう。

読者には興味がないかもしれないのに、こんなことを書いたのは、どんなところで遠いむかしの知り合いに出会っても、なつかしさにお互いが手を差し出して、再会のたのしさを味わえるのは、すばらしいことだと思ったからで、人間関係にいやな思い出だけは残したくない、といいたかったのだ。とくに年を重ねてみると、その思いは深くなる。

仲よし同級生の家の裏庭には柿の木があった。私たちは二人がかりで長い竿を持ち出し、よく色づいた実を落としては皮ごと丸かじりした思い出がある。あの、こわかった「お兄ちゃん」は、そんな二人を見ていたのかもしれない。ここ数年、季節になると新鮮な柿をたくさん送ってくれる。

私は柿とこんにゃくの白和えが大好物だから、実の固いうちに、せっせと白和えを作ってたべている。手の力がなくなって、ごまが擂りにくくなったので、ミキサーを使って一瞬に作ってしまう工夫をした。柿のある限り、ときには柿だけを白和えにしてサラダのようにたっぷりたべる。むかし怒鳴られたお兄ちゃんの送ってくれる柿を、心ゆくまでたのしみ、今では「お兄ちゃん」と同級生気分でいることに気づく。

育っていく姿

かわいい文字の郵便物

三日ほど外出がつづいた日、さすがにつかれていて、仕事の帰り、電車の中でつい居眠りをしてしまった。降りる駅のひとつ手前で気がついたのは不思議だった。家に帰っていつものように門をあけ、郵便受けの扉を開くと、夕刊や郵便物、いろいろな広告ビラなどがいっしょになってバスケットの中で山積みになっていた。職業柄折込み広告を含めた新聞三紙に加えて、本や分厚い雑誌などが投げ込まれてもかなり収容できるように作ってある。うすい鉄板で囲った郵便受けは、口も大きく作ってあるので、数日分は留守をしてもはみ出さないような計算になっている。

この郵便受けの中のものを取り出して整理していたら、子どもの字で「よしざわさま」という表書きの封筒が出てきた。左下に「いいもり」と記されていた。

「ああ、お隣の坊やだわ」
と、すぐわかった。中の手紙を読んでみた。ノートの一ページを切り取ったような白紙に、

サッカーボールがはいってしまったのであしたとりにいってもいいですか
いいもり。

と、大小さまざまにかわいい文字が並んでいた。読みながら私の口もとは自然に笑っていた。あの坊やが、もう、こんな手紙を書けるようになったのかと、何だか胸があたたかくなってくるような思いになった。おばあちゃまの腕の中で、ぱっちりと目をあけていた赤ちゃんの頃のことが一瞬思い出された。そして、このあたりにはきこえなくなっていた赤ちゃんの泣き声が、とても新鮮に感じられたことや、幼稚園時代から新入学までの成長の過程が、次々に思い出された。

お隣という距離からでも、その育っていく過程を見せてもらっていたことは、自分が子どもを持たなかった私にとって、いつも感動があった。ついこの間までは言葉も

よくわからなかったのが、パパの庭仕事についてまわりながらのおしゃべりがきこえてきたときなど、私は、仕事の手を休めてじっときいていた。赤ちゃんから幼児になった、という感慨が私にはあったのだった。

庭で無心に遊んでいる姿もかわいく、立ちどまって見ている私に気づくと、

「ばあば　呼ぼうか」

と気をつかってくれることもあった。私を、おばあちゃまの友達と思っているようだった。

私の身辺には、いま幼い子を育てているものはいない。甥や姪の子どもたちは、すでに社会人になっている。本当に子どもとのつきあいがなくなっていることを感じる。だから、隣からでも、人が育っていく姿を見ていることはたのしかった。

御近所との長いおつきあい

何十年もお隣に住んでいるが、生活の中にまで踏み込んでいくようなおつきあいはない。それは御近所のどのお宅とも同じであるが、しかし私のような一人ぐらしのお宅はないので、みなさんが、それとなく見守っていて下さることはよくわかる。夜中に雨や風のひどかった翌朝、家のまわりの落ち葉などを片づけなければと出てみると、きれいに掃除されていたりする。以前、夜更けに私の家の塀に車をぶつけられたときなど、私は気がつかなかった。外がさわがしいので出てみたら御近所の方々が出ていて、車をぶつけた人の名や住まいをきいてメモしてくれていた。あと処理のことなどはお隣さんがきちんと話してくれていた。私はすっかり恐縮してしまった。車をぶつけた青年が、

「猫をよけようと思って、塀にぶつかってしまって、すみません」

というのをきいて、やさしい人なのだと、ほっとしてしまって、ただぼんやり立っていたのだった。そのときの御近所の方々の親切は忘れられない。

ふだんは顔を合わせれば挨拶を交わすくらいだが、ごみ出しのための当番なども気をつかってもらうので、甘えてはならないと思って、いっしょうけんめいくらしている。

そんなことまで思い出させてくれる坊やの手紙だった。つかれも忘れ、帰宅したままの姿で私は懐中電灯を手に庭に出た。よくボールの入るあたりを探すと、サッカーボールは大きいからすぐ見つかった。そのままお隣の門でベルを押した。

「サッカーボール見つかったので、持ってきました」

インターホンで伝えると、お母さんのあとから坊やがとび出してきた。ボールを渡すと、ニコッとした。お母さんは手紙のことは知らなかったようだ。

二、三日して、坊やのおばあちゃまに会った。

「坊や、大きくなったわね。とてもかわいいお手紙もらったのよ。うれしかった」

私は、手紙を読みながら思い出したことの一部分を話した。長年のおつきあいだから、くどくどいわなくてもお互いにすぐわかる。

私は、坊やの手紙を大事に文箱にしまった。

石蕗とお茶と

秋を感じさせる石蕗の花

いのちの長いほととぎすの花も終わる頃になると、私は、お茶の花や石蕗《つわぶき》の花をたのしみに庭の掃除をいそぐ。といっても、目につく枯れ葉や落ち葉を掃きためておいたのや、取りつくせなかった枯れ葉の処理、落ち葉と糠をまぜてコンポストに入れ腐葉土作りをしておくことなど、どの仕事も、今の私は人を頼んで片づけてもらわなければならない。なじみの米屋さんに頼んでおいた糠は、たっぷり物置きにしまってある。

実は、石蕗の花が伸び放題の枯草の中で、やっと頭を出して咲いていたのを見た翌年に、夫が亡くなった。あの頃の、心身ともにつかれ果てていたことを思い出すので、そんな庭の風景を見たくないという思いが私にはある。

うちの庭に毎年咲く石蕗の花は、何十年も前に私がよそからいただいてきて植えたのだが、今は庭じゅうに散らばって咲いている。当時、あるラジオ番組の台本作りを数人のグループでしていた。月に一度きまった日に集って、打合わせをしていたのだが、毎日のテーマ選びや分担をきめるのに、かなりの時間がかかった。そのため場所を借りるのも大変だった。番組のプロデューサーの方が、「よかったら、両親の家に空いている部屋があるので、そこを使ったら」といってくれて、ご好意に甘えていた。立派なお庭のあるお宅で、手入れのゆきとどいた和風の庭に、常に季節の花が、庭の雰囲気を邪魔しない程度に配置されているのが感じられて、私はいつも感心して眺めていた。

秋も深くなったと思う頃のこと、まわりの草をきれいに抜き取って、さっぱりとした敷石の傍らに、すっくと立ったように伸びた茎の先に、黄色の花を見つけた。形よく数枚の葉が残されているのをよく見ると石蕗だった。石蕗にはあんな花が咲くのかと、若いときの四国旅行で知ったことを思い出した。泊めてもらったお宅の庭すみに、ひとかたまりの艶やかな丸い葉を見て、その家の奥さんにきいてみたのだった。

「これかな、つわだがな」

と、春に新しい葉が出てきたら、それを煮てたべたり、ばらずしに入れたりするとも教えてもらった。あの、四国で見た石蕗と、あまりにも違った姿の石蕗におどろいた。

端正な姿の、まるで庭土に花を活けたような石蕗に、私はすっかりひきつけられ、

「あの石蕗を、いつでもいいですから、根分けできるとき、少しいただけませんか」

と、おねだりをしてしまった。きけばお父さまが好きで庭仕事をしておられるとのことで、次の年の春、新しい一株を分けていただいた。はじめは玄関わきに植えたが、どんどん増えるので、庭のあちこちに分け、わが家の春のちらしずしには、石蕗も一品具に加えるようになった。そして秋深くなって庭の花がなくなると、石蕗の咲くのを待つようになった。しみじみ秋を感じさせる花である。

お茶の花でぼてぼて茶

もうひとつのたのしみがお茶の花だ。ほっこりと丸みのある小さな白い花が咲きはじめると、私はまず花をつけた枝を一本折り、机に置いて眺める。どんな器に入れようかと考え、グラスを探したり、湯のみ茶わんを選んだりして、年に一度出会う花を、身近に置いてゆっくり見ることにする。

前に書いたかもしれないが、私はお茶の花を乾かしてとっておき、焙じ茶と共にちょっと煮立て、抹茶のように茶せんで泡を立ててのむのだが、これを「ぼてぼて茶」というそうだ。六十年前に松江にいったとき、当時の加賀村でおぼえたことだった。お昼ごはんをたべさせてもらった村の仕出し屋さんで、気さくな御夫婦や子供さんたちと仲よくなり、泊めてもらったりして、村のしきたりの話などもきいた。お茶人でもあった松江藩の殿様の影響で、お茶をたてるのは日常のくらしのなかに、しっかり根づいていることもきかせてもらった。不昧公の名まえを知ったのはそのときだった。

そんなことから、お茶の花には特別の思いをもつようになった。庭のある今の家に住むようになってから、近くにあった夫の伯母の家からもらってきてお茶の木を植えてからは、石蕗と同じ頃に咲くお茶の花をたのしむようになった。春は茶めしや新芽の天ぷら、そして秋深くなる頃からおいしくなる熱いお茶でぼてぼて茶をと、私のたのしみだ。

石蕗にしても、ぼてぼて茶にしても、教えてもらわなかったらその味を知ることもなかったし、まして料理に使うことなども私は知らなかった。東日本ではあまりたべなかった石蕗を入れたばらずしは、夫の好物だった。

ちなみに、石蕗の料理をするときのアク抜きについても、私は四国で教えてもらったのだが「アクでアクを抜く」というのだそうで、折った茎をそのまま茹でてさめるまで置くとすっかりアクが抜けている。それから皮をはいで煮るのだが、きかなければ一生知らなかったかもしれないことだった。何でも教えてもらえるときに、おぼえておきたいと思う。

忘れたくない「もったいない」の心

消えてしまった「もったいない」の精神

ノーベル平和賞を受賞したケニアの生物学者マータイさんが、日本の「モッタイナイ」という言葉を、改めて日本人に教えてくれた。あの、華やかな布で髪をかざったマータイさんの写真を、はじめて新聞で見たとき、私は、

「なんてかわいい感じの人」

と思ったが、環境問題や女性の地位向上への取り組み方などを読んで、そのエネルギッシュな生き方に私は感動した。『モッタイナイで地球は緑になる』という日本語版の本も出版された。


そういえば日本人は「もったいない」という言葉を忘れてしまったのではないかと思った。言葉ではなく、その精神が消えてしまった、といった方がいいのかもしれな

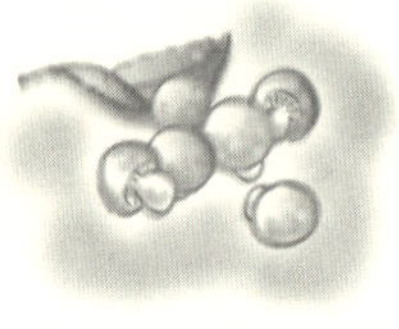

い。

「もったいない」で思い出したことがある。「旅」にあこがれていた若い日、とくべつのあてもないのに、よく夜汽車であちこちにいった。同人誌の仲間数人が常連だった。夜汽車は宿泊費の節約のためだった。

汽車弁をたべるのもたのしみだったが、その包み紙を集めたり、はじめていった知らない町の喫茶店でマッチをもらい、そのラベルを集めたりというのもたのしみのひとつだった。

常連との旅で、いつも私が興味深く見ていた人がいた。といっても、汽車弁をたべるときのことだが、当時の汽車弁は経木の折に入れてあった。蓋をとると、うすい経木の蓋にごはん粒がぽつぽつとついていた。それを、割り箸でひとつずつ口に入れ、きれいにたべてからお弁当に箸をつける人がいたのだった。みんな同じくらいの年で、十代の終わりから二十代はじめの仲間だった。

今のように、プラスチック系の容器もなく、まして便利なラップもない時代だった。私たちは、蓋をとるとすぐ、お弁当をたべはじめ、おなかがすいていたからどんどんたべてしまい、たべ終わればごはん粒のついたままの蓋をして、みんなまとめて新聞

紙に包んで捨てた。一人だけ、たべ終わりのおそいのが例の人だった。しかし、彼が、まず折の蓋についたごはんから、ていねいにたべるのに気づいている仲間はいないようだった。
　私が彼の様子に気づき、興味をもって見ていたのは、彼を見て、幼い日の自分を思い出したからだった。ごはんをこぼすと、
「ごはんは一粒でも無駄にすると目がつぶれるんだよ」
　と、祖母に叱られ、畳に落ちたごはんを拾ってたべろといわれた。汚いからいやだと泣いても、それなら自分で台所にいって洗ってきてたべろと、こわい顔でいわれ、泣きながら洗ったごはん粒のいくつかをたべた記憶があるからだった。彼はよほど素直で行儀のいい子だったのだろうと想像しながら見ていたのだった。今はそういう躾はないのだろう。

コンビニのお弁当は、一定時間を過ぎると廃棄処分するのがすぐれた衛生管理とされているようだから、むかしのことなどいってても相手にされないかもしれない。でも、日本にもそういう時代があったこと、「もったいない」の精神を忘れ切ってはいないもののいることを、マータイさんに伝えたいものだと思った。

最後まで使い切るのが「ものへのマナー」

みみっちい話だと笑われるかもしれないが、私は外出先でランチをたべたり、お茶をのみに入った店で出されるナプキンペーパーを持ち帰る。店にとっては客の使ったナプキンペーパーは捨てるしかないだろうが、私にとっては自分の口を拭っただけである。ひざにかけられる大きさのナプキンペーパーは、ガス台の汚れや、カレーや油いためのあとの鍋やフライパン拭きにはとても便利で、「もったいない」世代の私は、店に置いて帰るより、持ち帰る方がいいと思っている。家で使うティッシュペーパーやペーパータオル類も汚いものを拭いたのでなければ、ちょっと使ったくらいですぐ捨てるのは気がとがめる。油もののお皿や丼など、きれいに拭きとってから洗えばいいし、魚の水けを拭きとったペーパータオルなども、食後の魚皿の汚れを拭きとってから処分する。ほんのわずかでも、下水の汚れ防止に役立てばという気持ちもあるが、何よりも、ものは最後まで使い切るのが、「ものへのマナー」だと、貧しかった時代の日本人は、社会から教えられたためだと思う。

経済成長のために「消費は美徳」といわれた時代があった。衣食住のすべてが使い捨てになり、新しいものをどんどん買った。それと共に、身のまわりのものを、こまやかな心で扱うくらし方が消えてしまったともいえる。

いろいろな時代を生きてきた私は、むかしがいいというのではなく、「モッタイナイ」と外国の人からいわれてみて思うことなのだ。

私は自分の生きる姿勢として、いつも身の丈に合ったくらし方を考えてきた。どんな時代になっても、どこでくらしても、私にとってはそれが一番心やすらかだったからだ。これからも、持時間をそう生きたいと思う。

冬の章

あわただしい
日々も心豊かに

小出しの大掃除から

お正月を迎えるための家事の知恵

強い風のせいか、流し台の下の戸棚にうっすらとほこりがたまっていた。台ぶきんで拭きながら、

「そう、今日から小出しの大掃除をはじめようかしら」

とふと思った。年の瀬、お寺さんや神社で、仏像のお身ぬぐいをしたり、神殿の祓いをしたりするが、私たちの家々でも、新しい年神様をお迎えする行事として、一家総出で家中を清める大掃除をした。これは一年のうちでも欠かしてはならない行事だった。

敗戦で新しい時代を迎え、日本の風習もずいぶん変わったが、女が仕事をもって、家庭も仕事も大事に生きようとすれば、男性の三倍は努力しなければならなかった。

まだまだ男は仕事、女は家事育児というのが動かしがたい常識であった時代、私も明治生まれの姑と夫のいる身であった。育ちの環境と、家事には無縁でくらしている二人の家族の中で、年の瀬になると、ああ、一日が三十時間あったらと叫びたくなる日々であった。秋も深くなった頃から、正月を迎えるための小出しの家事を考えて実行しはじめたのだった。

たとえば、大掃除にしても、食事のあと片づけのあとなどに、わずかな時間を割いて食器戸棚の一段だけを、食器のすべてを出してすみずみまでアルコールを吹きつけたティッシュで拭いて、棚敷き紙を取り替えていく、といった小さな大掃除を積み重ね、いつの間にか全体をきれいにするという方法である。

たくさんの人手で、大がかりに掃除をするお寺さんや神社でも大行事なのだ。私のように、ふだんは大部分のエネルギーを、仕事と家族のための食事作りや掃除洗濯にとられている主婦には、台所の戸棚なんかいつもていねいに掃除などしているわけにはいかなかった。

あいにく、当時の私は家事関係の記事を新聞や雑誌に書くのが仕事だった。婦人雑誌の年末特集といえば、年末家事の運び方だの、正月料理や家中の整理整頓などがテ

ーマだった。私はそんな記事を書く自分にいいきかせるつもりで、「年末家事といっても、間に合わせなければならないことと、ていねいにしなければいけないことに分けて、どれもこれもとあわてるのはやめよう。あとまわしにしてもいいことは、年があらたまってからていねいにする方がいいのではないか」とも書いたりした。

健康には自信のあった私は、かなり無理も重ねていたが、何とか元気に過ごしていた。一番大事なことを先にと、知恵を働かせているつもりだった。

働き盛りの頃は、しなければと思うことに比べて時間が足りなかった。年を重ねた今は、時間はできたが体力がついていかない。今の私には年末家事をなまけても、何の支障もない。それなのに今年も終わりに近くなったと思うと、まだ二ヶ月も先にくる新しい年のために家の中をきれいにしなければという気持ちになるのは、幼い日に身につけた日本人の心なのだろうか。習慣というのは面白い。

片づけをして気づいた、身のまわりのものの多さ

小出しの大掃除を思い出したのを機に、今年は汚れを見つけた流し台の下から少しずつ掃除をすませていこうかと、収納してある鍋やボールや金属製のざるなどみんな外に出してみたら、その数の多さにわれながらあきれた。

年をとったら、できる限り持ちものを少なくしてシンプルライフを、と心がけているのだが、何とも未練がましい実態である。まあ、いいわけをすれば、月に一度わが家の台所を使って勉強会の友人たちと会食をするので、台所道具と食器は少しばかりゆとりも必要と、自分を甘やかしている面もある。

一時間足らずの作業で流し台下の戸棚はきれいに片づいたが、そんな時間の中で考えた。むかしの人は、台所にこれほどこまごましたものをもたなかったから、掃除も簡単だったに違いない。だから一家総出で一日の大掃除ですんだのだろう。

私がはじめて自分の台所をもったときのことを考えても、鍋は大中小の三ヶとむし器、鉄のフライパンと中華鍋、ホーローのボールも大中小、バット二ヶのほか竹ざるや油のポットぐらいで、あとは流しまわりの小ものくらいであった。

何十年かの間に、私は何と欲ばっていろいろなものを身のまわりに置いてしまったことかと思い、そしてまた、一度使ってみてその便利さを知ると、それがなければくらせないように思ってしまうおろかさも考えさせられた。

私は冷蔵庫もオーブンも、換気扇もない家庭で育ち、夏も扇風機さえないくらしの中で育った。それは、大正時代の日本人一般の、庶民の生活であったと思う。少ない道具類をていねいに扱い、大事に使っていた。それが道具へのマナーであったのだろう。

私の台所の雑多なものは、いつの間にかたまってしまった、というわけだが、欲ばりの象徴のようで、恥ずかしい限りだ。

年中行事

お正月を迎える前に

ベランダの雨よけを支える柱のペンキがはがれてきた。家の屋根を被うように水楢が枝を伸ばしている。風の強い日にはお隣に葉が散ったり、倒れ込んだらどうしようとはらはらする。したしくしている工務店のNさんに、ペンキの塗り替えや枝落としを引き受けてくれるような人を紹介してほしいのだけれどと相談をもちかけたら、庭じゅう見まわって、

「このくらいのことなら、私にもできるから、ひまをみて、ぼつぼつやりますよ」

と引き受けてくれた。一人ぐらしの私は、カギを預けてあるNさんが引き受けてくれれば一番うれしい。留守にしても外仕事なら勝手に裏木戸をあけて入って仕事をしてくれるから、Nさんに合わせて日の約束もしないですむ。ついでに、庭じゅうの整

理や落ち葉のしまつなどもしてくれるというので、私は大喜び。

「おかげさまで、新年を迎える準備ができて大助かり」

と感謝した。工事現場では人もたくさん使っている工務店の主人に、こんなことを頼むのは申しわけないとは思うのだが、甘えている。長年のつきあいなので、Nさんも私の事情をわかってくれているので、本当に助かるのだ。

わずかな場所のペンキの塗り替えなど、自分でしていたのだが、いつの間にか腰をかがめたりするのが辛くなり、人に頼るのがあたりまえになってしまった。植木の手入れなど足もとがあぶなくて、とても自分ではできない。お正月を迎える前に、となるとかなり早めに頼んでおかなければ間に合わないときもあると思う。Nさんに相談してよかった。

年中行事に込められた思い

今年は、季節が秋の気配に変わったのかしらと思ったら、すぐ北海道の山の初冠雪がテレビで伝えられた。私が「お正月前に」と、庭木の手入れやペンキの塗り替えを急がなければと思ったのは、雪景色を見たからだった。

もう、建ててから半世紀以上たっている私の住まいは、毎年どこかに故障が起こって、手入れの積み重ねでようやく保っているような家だから、せめてお正月を迎えるときには、どこかに新鮮な感じがほしいと思う。日本人の生活習慣なのだろうか。

とはいっても、私の家族は姑も夫も、およそ日本の年中行事には無関心だったといっていい。明治という時代に、外交官の娘に生まれて外交官と結婚した姑は、「長い外国生活中は、外国のことを学ぶのと子育てで精いっぱいで、日本の生活習慣に関心をもつ余裕がなかったのよ」と、任地を転々としながら五人の子を育てた頃を語っていた。そういう家庭に育ち、しかも十代の終わりには両親と別れて兄妹五人で青春時代を過ごした夫も、日本の年中行事にかかわりなくくらしてきた。五月五日生まれなので、幼い日には、端午の節句にあちこちで掲げる鯉のぼりを、自分の誕生祝いと思っていたそうだ。

「おやじの郷里に預けられていたとき、おじいさまがそう教えたので信じていた。いい気なものだった」

と私に話したことがあった。「長男には日本人としての教育を」という父親の願い

で、小学一年生の一年間を、愛媛県の山村で過ごしたという。しかし、その「おじいさま」という人は、よほどの冗談好きであったらしく、ある日、小川のそばを歩いていたら、川底に見える割れたお皿を指さして、

「綱武、あれがお皿の木の根っこだよ。ほら、あの上に木があるだろう。今に、あの木にお皿がなるぞ」

と教えたとか。幼い日の夫は、お皿は木になるものかと思ったそうだ。

「そんなこと、子供に教える方も度が過ぎた冗談だと思うけれど、信じた方もおかしいのじゃないかしら」

と私は大笑いしたが、幼児の頃の一年間では、日本人の生活の根になっている年中行事までは身につかなかったようだ。

病気で食欲がないとき、夫がそれなら食べられるというのは、オートミールやスープであり、おかゆと梅ぼしでないことに、私はびっくりした。

そういう家族とのくらしであり、私もまた早くから妹と二人で気楽な生活をしていたので、しきたりとか年中行事のようなことに縁がなく、わが家は晴れも褻《け》もないくらし方をしていた。

夫が六十代に入った頃から、日本の歴史に興味をもちはじめ、私もまた、機会を得て民俗ということの意味を学ぶにつれ、二人とも年中行事にも無関心ではいられなくなった。日本の年中行事には、無事に生きる上でのしあわせを願う思いが込められている。とくに新しい年を迎えるための行事は、くる年への期待と希望に満ちていて、一番大切にされていたと思う。

無関心で過ごしてきた私の中にも、いつの間にか、家をきれいにしてお正月の神さまを迎え入れるという考え方が根づいているようだ。

慈姑の花が見たい

慈姑を見て思い出す食卓風景

この冬の慈姑《くわい》のできぐあいはどうかしらと、枯れた茎を引き上げてみたら、地下茎がずるずると出てきて、慈姑そのものは出てこない。そうだ、芽を出して次の新しい生命のいとなみをするところが、私たちのたべるあの慈姑なのだから、枯れた茎にくっついている筈はない、とすぐ納得して掘り出しにかかった。粘りのつよい土の中は冷たいので、手袋をしてさぐってみた。あるある、たしかに慈姑の形のものが大小いろいろだが手にふれる。ひとつ掘り出してみたら、まだ小さすぎる。「もう少し土の中にいて大きくなりなさいね」と言葉をかけて土にもどしておいたが、小さいとはいえ、しっかりと芽を出して、濃い青磁色のれっきとした慈姑の姿だった。

ここ何年か私は庭で慈姑作りをしている。といっても、仲よしの大工さんが、大きなプラスチックの箱に荒木田土と肥料を入れ、種玉になる慈姑も入れて作ってくれるミニ田圃《たんぼ》に、水を絶やさぬようにしているだけのことなのだが、たのしみのひとつである。

お正月には、縁起ものだから掘り上げて料理に使う。煮物にできるほどの大きさに育っているのだけをお煮〆めに、小さなものは姿のままでから揚げにし、塩をふってたべる。一年間わが家の庭で育ったのだと思うと、少しくらい苦みが強くても、かえってそれが持ち味としておいしく感じられるから不思議だ。

家族も私も慈姑が好きだったから、寒い季節のお惣菜によく使った。吹き寄せや炒りどり、茶わんむし、慈姑せんべい等々、よくたべた。お惣菜に使う野菜としてはやや値が張るとは思っても、家族三人の大好物で、それが食卓での笑顔にもつながるなら、いいじゃないかと惜しげなく使った。

酒のさかなには、芽をつけたまま煮上げた慈姑を、ひょいと手でつまんで口に入れるのが一番おいしいのだと、たべ方にもこだわる夫を、姑と私は「行儀がわるいわね」と笑っていたが、そんな食卓風景を思い出す。

「芽が出る」の慈姑、「先が見通せる」の蓮根、「深く根を張る」のごぼうや人参、大根など、それぞれおめでたい意味をもたせて使われるおせち料理を、年始客が多かった頃には残ることを承知で多目に作った。煮かえしたりして味がよくしみ込んだ根菜類は、天ぷら衣をつけて揚げるとまた違った味になって残り物も客に好評だった。こまかく刻んで炊き込みごはんやばらずしにしてもたべた。慈姑だけは、いつもそこまでは残らなかった。

慈姑を庭で育てるたのしみ

そんなくらしが長かったせいか、家族がいなくなっても慈姑は大好き。ただし、栽培までする気になったのは、本当はたべるより花が見たくて、作ってみようと思ったのだった。

幼い日に、にらめっこ遊びをしたとき、

クワイが芽出した
花咲きゃ開いた
笑うと負けよ　アップップ

意味もわからないこんな歌をうたったことを、ある日、慈姑をたべながら思い出したのがきっかけだった。慈姑に花が咲くのかしら、きれいな花だろうかと興味をもった。百科事典で調べたら、「秋季まれに花茎を生じてオモダカに似た花をつける」と書いてあった。中国伝来の多年生の根菜、オモダカ科に属するものだと知ったが、私はそのオモダカの花も知らない。

何十年も前にオモダカが群生しているような池を見たことがあったが、場所は忘れた。ただ、その植物の葉の形に特徴があり、いっしょにいた土地の人にきいたら「オモダカ」だと教えられ、一度でおぼえた。しかし花は百科事典の絵でしか見ていない。

数年前、新潟の寺泊《てらどまり》にいったとき、田圃道を歩いていたら、同行の婦人会の方が、田のふちに生えていたオモダカを見つけると、さっと引き抜いた。私は「あ、

オモダカがある、なつかしい」といったが、

「これにはびこられたら大変だから、私らは目の敵にして抜くんですよ。何しろ、田圃の雑草なんですから」

オモダカの繁殖力はものすごいのだそうだ。慈姑のように食用になるわけでもなく、ドングリ程度の玉がついていて、それが残るとどんどん殖えるから、稲が負けてしまうのだと話してくれた。自分の家の田圃でなくても雑草としてのオモダカを抜く人の前で、東京ぐらしの何も知らない私が、

「オモダカの花って一度見てみたい」

などと、のんきなことをいわないでよかったと、胸をなでおろした。慈姑の花もまだ見たことがない。実は今、テスト中のことがある。亡夫の友人の娘が、やはり箱作りで慈姑の栽培をしているそうで、

「うちでは、たべる気もなく、三年くらい放っておいたら花が咲いたので、おばちゃんも、小さな箱で作って放っておいてみたらどう? きっと花を見られるよ」

といった。まれに秋の頃に花が咲くというのは、掘り残しの塊茎から花をもつ茎が育ったのだろうかと、目下おたのしみテスト中というところである。

通販で買う

「便利さ」にひそむマイナス面

この頃、テレビや新聞、雑誌など、メディアを通しての商品販売が一段と盛んになっている。インターネットでの買物も便利なようだ。私はそこまで手をのばすのはやめようと思っているが、ただ、花の種子などがほしくて、甥に頼んで買ってもらったり、その育て方を調べて書類にしてもらったりはしている。たしかに便利だが、便利さにはマイナス面を考えておく必要もあると思うので、その程度の利用しかしていない。

一日が三十時間あったらどんなにいいだろう、などと思っていた働き盛りの頃には、くらしを便利にしてくれるものはいち早く使って時間をかせいで、機械にまかせていいことは自分でしなくてもいい、と家事を省力化してきた私だった。しかし、便利さ

をもとめすぎてしまうと、そのかわりに、自分の本来もっていた能力がだんだん失われていくことに気づいた。
　時間かせぎに熱心になりすぎて、ただあくせくと仕事を片づけるだけで、静かにものを見たり、考えたりすることを忘れてしまったと気がついたときは、頭の方がみずみずしさを失っていた。そんな思いをもっている私は、インターネットにはまり込んだら大変、と自分にいいきかせてきた。
　いま私は好きなカタログ誌を購読しているし、通販に熱心なデパートのカタログなどがポストに投げ込まれていると必ず目を通す。一度、テレビで見て、これはよさそうだと思って買ったのは踏み台だった。これはたしかに便利だが、以来「特別のお客様であるあなたにプレゼントつきでおすすめ」というダイレクトメールがくるようになった。こうなると白けてしまい、いろいろなおまけつきというのは、在庫整理なのかしらと、そのままカタログも捨ててしまう。

つい数年前まで、私は通信販売でものを買ったことがなかった。自分の目で品物を見て、納得したものしか買わなかった。ところが、足を痛めて、歩きまわって買物をするのが少し辛くなってきたせいか、たとえばテレビで宣伝しているお菓子だの魚の干物など見ていて、「あ、おいしそう」と思うと、試しに買ってみようという気になって取り寄せるようになった。それが結構おいしくて、テレビショッピングにも自信がついた。

その気になって注意してみると、テレビだけではなく、ミニコミ紙にまで、さまざまな通販情報があることに気づいた。関心がないものは、これほど見えないものかと、今さらに思う。

とはいえ、年を重ねるごとに、ほしいものは少なくなって、専らたべものに偏った買物になるが、自分の経験を通して、老人とか病身で人ごみに出るのが辛い人たちには、なかなか便利な買物方法だとわかってきた。

「この年にならなければわからないことがある」

何十年か前、アメリカに移り住んだ友人が、アメリカでは通販が盛んで、それがとても便利だと便りをくれた。広いアメリカ大陸で、買物に不便な土地に住んでいる人は、大都市の店のものなどを手に入れるには、通販に頼るしかないようだ、と書いてあったのを思い出した。当時は、そんなものかとあまり気にも止めずにいたが、いま自分が、東京という大都市に住んでいても、通販に興味をもつ自分を、山奥の村にでもくらしているようだと、一人で笑い出してしまった。したしい友人に話したら、

「通販オタクというのは、案外たくさんいるんですって。その仲間入りしたの？」

と笑われたが、考えてみると私は、たべものの取り寄せにはなれていた。地方の町のおいしいお菓子が東京でも買えるけれど、本店から送ってもらった方が、どうもおいしく思われるので、数を多く買うときは、直接本店に頼んで送ってもらう、というようなこともしていたので、取り寄せには違和感がなかったのだ。

それにしても、環境や年齢、その折々のくらし方などで、買物ひとつにも変化が出

てくるものだと、私は自分をふり返って思う。

九十六歳まで生きた姑は、よく私にいった。

「この年にならなければ、わからないことがあるのよ」

その言葉が、ようやく私にも理解できるようになった。買物に出るのは大好き、重い荷物も平気でかかえて帰っていた頃は、姑の衰えは見えても実感できなかった。そういう自分を認めることが、くらし方への指針になると思っているこの頃だ。

牛乳も宅配にした。宅配だけでは商売が成り立たなくなった牛乳屋さんが、有機栽培の野菜や地鶏の卵その他を、農家と直接契約して仕入れ、一人用も小分けして牛乳といっしょに届けてくれるというので、価格と考え合わせ、二、三度品物を買って試してみた。納得して申し込んだ。

自分の目で見て買う、という買物のしかたは変わったようで変わらない。しかし、多くの中から選ぶということはないが、そういう買い方を選ぶようになったことは、「この年にならなければわからない」ことだった。これも一人ぐらしを成り立たせるための知恵だが、見る目、考える力はたしかにもっていたいと思う。

おでんのにおい

コンビニにただよっていたいいにおい

北風の強い夕方、新聞の集金にきた青年が、玄関の戸をあけたとたんに、

「あ、いなかのにおいだ」

といってしゃがみ込んだ。「え？」とその青年の顔を見ていた私に、

「ごめんなさい。学校にいっていた頃、夕方おなかをすかして家に帰ると、家中にこんなにおいがしていたので、つい、いなかのにおいだなんていってしまって」

おでんのにおいだと気がついて、私は、わかる、わかる、と思った。青年というより、まだ少年の面影の濃い彼を見ながら、高校生の頃でも思い出しているのだろうかと想像しながら新聞代を払った。私はよく煮物をするが、窓を閉めきっている季節は、間仕切りのないわが家は台所のにおいが家中にただよって、カレーや大根を煮たときのにおい、あるいは焼魚のにおいなど、次の日の朝まで部屋のすみにこもっていることがある。換気扇はまわしているのだが、においの流れ方は意外な場所にまで及ぶようだ。

「いなかのにおい」といった青年に、自分を見たような気がして「わかる」と思った理由は、私もまたその日、おでんのにおいにひかれて夕食を作っていたからだった。

散歩がてらに小さな宅配便を出しに近くのコンビニへいったら、入口の自動ドアがあいたとたん、ぷうんとおでんのにおいがした。レジのそばに立派なおでん鍋があり、若い二人連れが鍋の前に立って、卵だハンペンだと相談しながら選んでいた。私もにおいにつられてそばに寄っていったが、まずは荷物の発送を頼んでからと気づき、料金の計算をしているレジの人に、

「あのおでん、一ヶでも二ヶでも買えるのかしら」

と、きかなくてもわかっていることをきいてしまった自分がおかしくて、つい一人笑いをしてしまった。たべものへの好奇心は年をとっても衰えないものだと思った。好きなしらたき、こんにゃく、大根、ちくわ麩を一ヶずつ。味をしみ込ませるまで煮るのは手間ひまのかかるものだけを選んで買ってみたのだった。たまたまその日の朝、

熊本のしたしい人から、朝市で買った里いもがおいしそうなので、ほかの野菜もいっしょに送るからという添え書きと共に、少しずつを詰め合わせた野菜の包みが届いていた。早速夕食のおかずに煮ようと予定をしていたので、コンビニのおでんは私の献立をふくらませてくれた。

大切にしたいそれぞれの家庭の味

おでんはたくさん人の集まる日でなければ作れない。あれこれ材料をそろえれば、どうしても大鍋いっぱいになってしまう。コンビニの入口で、いいにおいをただよわせている鍋の中を見て、時間も手間もかかる大根だのこんにゃくだのを、一ヶずつ買えるのはとても便利だと思った。あまりコンビニでの買物をしていないので、おでんを売っているのを私は知らなかった。そういえば、テレビのCMで見たことがあったと気づいた。

里いもや、冷凍してあるがんもどき、いただきものの笹かまぼこ、ゆで卵など、一ヶずつを加え、ていねいにとった鰹だしに、昆布を切ってそのまま煮込み、コンビニで買ったおでんを加えてみると、それだけでも、すでにたべ切れない量になっていた。それが煮えるにおいは、集金にきた青年にとって、ふるさとの家のにおいであったのだろう。

コンビニのおでんの味は結構おいしく、大根もちくわ麩も煮くずれしないでよく味がしみていた。こんにゃくも中まで味がついていた。これだけ煮込むのは大変なこと、まして一人前だけ煮るなどむずかしい。保温のきく器に煮汁も入れて辛子を添えてと、本当に家へ帰ってそのままあたたかい料理がたべられるのだから、コンビニの季節商品としては人気があるのだろうと思った。

私の姪の一人が、ある食品メーカーの商品開発部に働いていたことがあり、たとえば惣菜料理のパック売りを商品化するときなど、何度も味つけや包装などの

研究を積み重ねているのだと話していた。今はよいものでないと売れない、というのがメーカーの常識なのだと、偉そうに話していたのを思い出した。

静かなブームになっているときいている「キット食品」にしても、材料や調味料などをそれぞれパックしてあり、それを加熱したり、いためたりして仕上げるだけで、手作りらしい料理になる、という食材だ。おでん同様、少量ずついろいろなものが取り合わせてあり、生ごみも出ないというのは、住宅事情からも重宝な食品となってきているのだろう。

「いなかのにおい」といった青年には、煮ものが母ちゃんの味なのかもしれない。今の子には、ハンバーグやカレーがママの味でもいい。ただ、食材も味も同じものが、それぞれの家庭の食卓に並ぶ、そんな風景を思い浮かべたら切なくなった。それが未来の食生活だとしたら、好きなものを自分で作ってたべている今の私は、いろいろな意味でしあわせなことだ。それを大切に毎日を生きなければと考えた。

二月は逃げる

くらしの中で実感する味わい深い諺

諺とかいい伝えのようなものの中には、はっとさせられる適切な表現がある。さまざまな場面で私はそれを感じるが、たとえば、二月という二日ほど日の少ない日のことを「二月は逃げる」といって、月末になって大あわてをしがちなことをいっている。私はくらしの中でいくどもそれを実感し、全くうまい表現だと感服したことがある。「二月は逃げる」という諺が好きだ。

もうひとつ、何とユーモラスな表現かと感心しているのが「骨正月」といういい方である。一月十五日を「小正月」とか「女正月」というのはどなたも御存じのことだが、小正月を二十日としている地方もある。当然、女正月も二十日で、その日を「骨正月」と呼ぶ地方もあるそうだ。正月はめでたいとされながらも、「女には厄日です

よ」という声もきいた。くらしについてのきき書きをしていた頃、農家を訪ねて老婆たちといろいろな話をしていて、よく耳にしたことだった。男衆は天下晴れてお酒をのみ、ごちそうをたべてご機嫌になっているが、女はいつも「もてなし係」で、一息つけるのは小正月だけ。この日は女衆が集まり、ごちそうをたべたりお酒ものんで、正月らしい気分になったという。女正月の飲食は男たちが用意をしたという地方もある。ともあれ小正月は女の休み日であったことに変わりはないようだ。小正月の呼び方を「骨正月」ときいたのは、信州の山村で育ったという人からで、

「女正月にはもう正月のごちそうの残りもなく、年の暮れに一尾買った塩鰤も骨ばかりになっていて、だから骨正月といったのかね」

　といっていたのをおぼえている。

今どきのグルメブームの中で、女の正月を骨正月といった言葉の面白さを、あらためて噛みしめてみたいと思う。

「二月は逃げる」も味わい深い言葉だ。私がこの言葉をはじめて知ったのは、城夏子さんという、少女小説などを書かれていた作家の方からの手紙の中だった。亡夫とは年も近く誕生日が同じだということから、一人ぐらしだった城さんをわが家に招き、いくどか合同誕生会をした。おしゃれな城さんは、いつもくちなしの香りを身にまとうように、しっかり香水をつけていた。誕生会が終わって帰られても、残り香が長くただよっていた。優雅にくらしていた城さんからの手紙の中に、

〝二月は逃げるというけれど、本当に、ひと月が二日でも少ないと、月末が時間に逃げられたような気ぜわしさで、予定していたことができませんでした〟

こんなことが書いてあった。生きておられたら百歳に近い方だが、さりげなく諺などを入れての便りだった。私もまだ現役の主婦で、二日間という時間が逃げる、という感じがよくわかった。二日間が足りない二月は、それなりに予定して家事も仕事もすませていたはずだが、予定通りにはいかないのがくらしというものだと毎年思っていた。いくら予定していても、家族が風邪をひいて熱を出したらお医者さんに連れて

いかなければならず、あたたかいのみものだの、着替えだのと、予定外の家事も増える。夫が急に客を連れて帰れば、そのもてなしもしなければとあわてる。携帯電話なんかない時代だったし、コンビニもなかった。あとまわしにしてよいことは放っておくので、それが積み重なってしまうと気持ちの負担になり、といって睡眠時間を削れば頭がぼんやりしてくる。第一からだがもたない。「二月は逃げる」とは、何といい得て妙な言葉かと感服してしまった。

一人ぐらしになってもあわただしい二月

五十代まではそんな日々の連続だったが、それはそれで私には充実した時代だったのかもしれない。正確には六十五歳までつづいた。

いま私の甥や姪たちが、四十代、五十代を生きているが、めいめいがかつての私のように、いろいろなことを抱えてくらしている。その上、私の時代とは別の、将来への不安という、漠然としたものながら、おそれをもっている。

私は「人生五十年」といわれた時代を生きたから、それより長く生きれば儲けものという思いだった。不安よりは、老いて気ままに生きられたらどんなにたのしいだろうとたのしみにさえできた。人生五十年のときは老人問題もなく、老人は敬われる存在だった。

長寿をくもりなく喜べない時代に、これから老いを迎えようという年齢に入った五十代の思いは、男性女性にかかわらず私の経てきた五十代とは大きな違いがあろう。そんなことを考えながら甥や姪を見ている。

逃げる二月から話がそれてしまったが、私は今でも、二月は月末になると「日が逃げた」と思う。一人ぐらしになっても、なかなか予定通りにくらすことはできず、二日間のロスは相変わらず私をあわてさせる。「二月は逃げる」なんて、うまいことをいったものだと、そのたびに感心している。

通販貧乏

還暦を迎えた姪が生まれた頃

妹が亡くなってからは、妹の娘とよく食事を共にしている。何げなく気をつかってくれているようで、私の好きな店のイギリスパンを届けてくれたり、印度料理の店から料理一品とナンを買ってきてくれたりする。「妹の娘」といっても、あの戦争が終わったとき生まれたのだから、もう還暦である。

生まれたとき、祝ってやりたくても何も買えなかった時代で、私は誰かに譲ってもらって大事にしまっておいた砂糖を持って物々交換所にいった。当時としては日常生活とは縁遠い白絹のベビー服と替えて妹に渡した。それを着せられた姪の姿を見たことはなかった。写真も見たことがない。カメラを持っている人も少ない時代だった。

近所の商店街にできた物々交換所にベビー服があることを知っていたのは、当時と

しては珍しくきれいなベビー服が、外からも目立って見えるところに吊してあったのを、そこを通るたびに眺めていたからだった。多分、どこかの家の箪笥の奥にしまってあったベビー服だったのであろう。それがお米かさつまいもとでも交換されたのに違いない。私はそう思い込んでいた。大切にしていた思い出の品々も、たべものに替えなければ生きられない時代であった。

赤ん坊だった姪が結婚し、子育ても終え、実母もみとって、いま長生きしている私とつきあっているわけで、妹の残した音楽教室も、細々とつづけている。

気むずかしかった私の夫も、どういうわけかこの姪のことはお気にいりで、一日じゅう原稿書きをしていた夕方などに、この姪がきていると、「いっしょにいくか?」と、のみにいくのに連れ出していた。お酒はのまないがよくたべるので面白がっていた。

妹は街の音楽教師をして、離婚後は二人の子供を育てていたから、自分の子供たちとのつきあいに、たっぷり時間をとれなかった。そのせいか、幼いときから、近くに住む私のところに一人で遊びにきていた。高校生の頃はアルバイトにガラス拭きを私は頼んでいた。

今は遠くに住んでいるので、ガラス拭きにきてくれともいえないが、近くまで出てきたときには、ひょっこり顔を出す。先日も、

「この頃うちの近くにできた店の豚まんがとてもおいしいの。試しにたべてみない」

と、訪ねてきた。神戸に本店のある店だそうで、おいしいという評判がたってからは、朝十時の開店でお昼には売り切れてしまうとか。むしなおして二人でたべながら、いろいろ話していた。

通販が家事の合間のおたのしみ

姪と話すことはいつもたべもののことばかり。私の興味に合わせてのことかしらと思ったが、姪自身もくいしん坊なので、私と話していると、いきおい話題はたべもののことになるようだ。ただ、おいしかったとか、あれはいい買物だったと話すのが、ほとんど東京以外の土地のものなので、

「あなた、それをどこで買ったの？」

ときいてみた。

「通販よ。おいしいお取り寄せ、なんていうのは見のがせないじゃない」

と、いたずらっぽく笑った。

姪は結構しまり屋で、省エネの折からストーブはめったに使わず、ホットカーペットですませているという。足もとだけの暖房でも、マンションは冬あたたかいからそれで十分だという。あたたまったカーペットに足を投げ出し、デパートのカタログ販売やテレビショッピングをするのは、家事の合間のおたのしみだとか。

「省エネで節約しても、案外テレビショッピングなんかで家計は赤字だったりして」

という私に、すかさず姪は、

「これ、ママ譲りかな。時間があると、ママはよくこたつに入ってテレビショッピングしていたじゃないの」

といった。そういえば、妹と二人でアパートぐらしをしていたとき、私たちはよく、こたつに入ってつくろいものをしたり、ほどきものをした。二人とも学校に通っていたが、ストッキングの伝線には参っていた。それをつくろうため、使えなくなった電球を内側に入れてつくろった。ストッキングは高かったし、品ものが不足していた。

今は「ほどきもの」だの「つくろいもの」という言葉をきかなくなっている、と思った。晩年の妹が、若い日にはつくろいものに余念のなかったこたつで、テレビショッピングをしていたのかとおかしくなった。買物に出かける時間をあまりもたなかった妹にとっては、便利でありたのしみでもあったのかもしれない。

「あなたはまだ足もしっかりしているし外出する時間もあるのに、テレビショッピングやカタログ通販にはまっていると、買いすぎになるでしょうに」

という私に、

「そう、このところ私、通販貧乏している」

と笑った。私も時折「お取り寄せ」や通販で買い物をするが、通販貧乏とはいかにも今風の言葉だと思った。「つくろいもの」「ほどきもの」などが死語になり、通販貧乏なんて新語があらわれてもおかしくないと思った。

シンプルライフを考える

生活のにおいのない〝すてき〟なくらし

この頃、シンプルライフということが、横文字のすてきなくらし方として、若い人のあこがれにもなっているとか。雑誌のグラビアなどに、マンションのモデルルームみたいな部屋の写真が、誰々さんのお宅として紹介されているのを見ると、私は「このお宅はよっぽど広くて収納スペースが多いのだろうな」と思う。あまりにも生活のにおいのない部屋の写真は、面白くもないし、家の中のどこかに「開かずの間」があるのだろうと思う。

むかしの日本家屋には、蔵とか納戸、屋根裏などの空間があった。季節によって部屋のしつらえを変えて、その時期に不要のものをしまっておくことができた。その他、もろもろのものがしまい込まれていて、子供の頃こっそりと蔵の中を探険したり、いたずらのおしおきに蔵に閉じ込められたりした思い出話をする人は多い。しまっておく場所があったから、部屋はすっきり片づいていた。

もっとも、蔵をもてる家は、やはり選ばれた人の住まいであったと思うし、都市の中流生活者の住まいには、納戸として一定のスペースがとってあった。その日ぐらしの長屋住まいの人々には、最少の必需品で間に合わせるくらしの知恵もあったのだと思う。

シンプルライフへのあこがれは、納戸も屋根裏もない小さな住まいの中で、ものを持ちすぎて家じゅうが片づかないためのいらいらが、何とかならないものかと風穴を探しているということなのかもしれない。

私は、雑誌のグラビアで見るような、人のくらしのにおいのない部屋が、必ずしも住みよいとはいえないと思っている。それは、私もすっきりとした家にあこがれ、ものを整理して家事労働を減らそうとこころみたことがあったので、そのとき学んだことだった。

夫は五十代、私は四十代のはじめ頃だった。好きで買い集めた食器が戸棚いっぱいになり、どうにかしなければと思うようになった。夫は本の置き場所に困って、庭に

プレハブの小さな小屋を建てたり、それでも間に合わなくて、家じゅうの空いている壁を本棚にしてしまっていた。

そこで夫婦で相談、まず食器は最小限にしようと、たとえばお茶をのむ茶わんは一つに、お皿は一人前に小皿一、中皿一、料理は大皿か大鉢に盛って取り分ければいい、グラスもワインだビールだブランデーだといちいち分けず、お気に入り一種類でいいじゃないか、などと極端な合理化をしようとした。話し合っているときは、それも面白そうだとか、そうしたら洗いものが少なくなる、などと思っていた。

食器は好きで集めたものだけに、二人とも未練があった。売り払うとか、捨ててしまうには心残りが深く、私は、いつかのんびりとくらせるようになったら、たのしみながら使おうと、ていねいに紙に包み、箱に納めて物置きにしまい込んだ。そしてはじまった食器のシンプルライフは、たしかに洗いものは少なくなり、戸棚はすっきりと片づいた。家事労働は楽になった。しかし一週間もすると、

「やっぱり、番茶はあの益子の厚手の茶わんでのみたいね」

と夫はいい出し、私もまた、

「好きな茶わんむしは、どの器で作ればいいか迷ってしまう。茶わんむしの器は出してこようかしら」

というぐあいで、結局ひとつふたつと食器はどんどん戸棚に戻ってしまった。頭では整理できても、生活習慣はからだにしみ込んでいて、決心や覚悟だけでは生活を変えることはむずかしいと実感した。でも、そんなばかばかしい程の単純化をやってみて、いろいろなことも見えてきた。

好みの食器でたべる心あたたまるしあわせ

私は料理が好きで、食器を買い集めたのも、これにこんな料理を盛ったらおいしく

たべられるだろうと、使うことを考えてのことだった。だから、食器の制限は一番辛いところだったが、自分の持ちものとしては多すぎると思って、そこから手をつけたのだった。夫も私も、たべることをたのしむ点ではぴたりと気が合っていたので、無理して食のたのしみを失うのはつまらないと、逆もどりに合意してしまったのだ。

私たちは衣や住についてはは多くを望まなかったので、衣についてはもともとシンプルライフだった。住は建て替えも間に合わずいまだに本だ資料だと、人が見れば紙くずみたいなものを、整理しきれず、少しずつ、未練がましい処理のしかたで片づけものがつづいている。

生きてきた日々が長くなればそれだけ、身のまわりにも、心にも、ものは増えるばかりだから、そうそうすっきりとはできないのが人のくらしなのだと私は思っている。何もかもすっきりとはいかないのが私たちのくらしなのだから、割り切れないところはそのままでもいいのではなかろうか。

今、私はむかしの食器に好きなおかずを盛って、毎日おいしくたべて、それにしあわせを感じている。

生活習慣は変えにくい

かつての日本は毎日がエコ・ライフ

本棚の掃除をしていて、なつかしい一冊と出会った。昭和三十年代から四十年代にかけての、さる民放のラジオ番組で、毎日放送していた「家事の知恵」といった内容の記録をまとめたものである。

記録といってもすべてではない。たまたま私もその番組の台本を書くスタッフの一人であったので、出版社からの依頼で放送したものの中から選び出し、季節感のあるものを四季に分けて私が編集した。一冊しか手もとに残っていないので大切にしている。

番組作りは毎月一度どんなことを取り上げようかとスタッフ一同が集って会議をした。家に帰れば主婦であり、夫の職業はそれぞれ違っていても、家計をやりくりした

り、毎日のおかず作りに苦心するのは同じで、誰かが、夫が前ぶれもなくお客を連れて帰って困ったとき、台所のあり合わせでこんな料理を作ったら、結構見映えもよくてほめられた、などと自分の経験を話すと、それはいい、ぜひ一回分の原稿に、ということになり、実生活の中での話はいかにも実感がこもっていた。

たとえば二月のくらしについて、「こたつ仕事でこんなことを」と、買物に便利でコートのポケットにも入れておける風呂敷バッグの作り方をすすめたり、寒い朝にはからだのあたたまるおかゆを作ってはどうかと、おいしいおかゆ作りの工夫もある。茶がゆは勿論、「昨夜のおかずのシューマイが二ヶほど残っていたら中華風のおかゆに」と、作り方も説明してあり、読みながら私は「あら、おいしそう」とつぶやいたりした。

まだスーパーマーケットもコンビニもない時代だった。二店舗ほど大きなスーパーはあったが、レジでは大きな紙袋に入れてくれた。エコ・ライフなどといわなくても、街の商店での買物は「買物袋」持参があたりまえの生活であった。

二月は二十八日か九日で、他の月より二回分の食費が浮くはずだから、二日分を投じて豪華な肉料理を、ともすすめている。一人分、一〇〇グラム一〇〇円くらいのス

テーキはどうだろう、子供は物たりないかもしれないから、つけ合わせをたっぷり、などと、こまかいアドヴァイスもあり、当時の生活が思い出された。

スーパーマーケット第一号といわれた青山の店で、私は仕事で外出した帰りによく肉や野菜、パンなどを買った。わが家は客の多い家庭であったから、やりくり料理のため豚の三枚肉をいつもまとめ買いしたが、質がよくて一〇〇グラム七〇円というのが魅力だった。それに比べて一人前で一〇〇円の牛肉を使うのは、家庭の夕食のおかずにはぜいたくだったのだ。それを、二日分浮いた食費で非日常の食事をたのしもうとすすめていたのだと思い出し、どこの家庭でも、しっかりと食費の予算をたててくらしていたことを背景にした、ささやかなぜいたくのすすめであり、食卓の変化が必要だと説いたのだと思い出した。

今はずっと豊かなくらしになっているから、焼肉もとんかつも普通の日のおかずである。老人ホームや老人給食の会などで、好きなメニューのアンケートをとると、第一位がとんかつだそうだ。とんかつは私たち年齢のものには、充分にたべられなかったごちそうのひとつなのだ。

掃除を忘れて、つい、あれこれ読んでしまったが、今から思えば、すべてにつつましい生活で、同時に、今いうエコ・ライフを実践していたことがわかる。

「便利さ」が招くここちよい自堕落

私の住んでいる東京の杉並区では、ごみを減らしたり、エコ・ライフへの手がかりとしてレジ袋をなくす運動がある。

今は日本中どこへいってもレジ袋のない店はない。買物をすればポリ袋に入れてくれる。私たちはまた、袋に入れてもらうのを当然と受け止めてきた。私なども、いわゆるデパ地下で買物をすると、気がつけば小さなポリ袋を四つ五つさげている、ということもある。ハムを二〇〇グラム買って一ヶ、牛肉の切り落とし三〇〇グラムで一ヶ、かまぼこ一本とわさび漬けで一ヶ等々、それぞれの売場で買うのでそんなことになり、ほしかった野菜はあきらめて帰ることもある。

近所へ買物にいくときは買物袋を持参するが、ちょっとおしゃれなハンドバッグなど持っての外出の帰りだと、やっぱりレジ袋をもらってしまって、こういう便利さにどっぷりつかっているここちよさからは、いっぺんに抜けきれないものだと反省する。凡人のどうしようもない自堕落さを自分の中に見てしまう。

レジ袋ひとつを例にしても、その便利さを知らなかったときは、ないのがあたりまえであったが、買物をすれば軽いレジ袋に入れてくれるのがあたりまえ、という買物の生活習慣が身についてしまったのを、便利だからこそ変えるのはむずかしい。しかしそういうことを「意志」をもって変えていかなければならないのだと考えている。

おわりに

この一冊は、三年間月刊『清流』に執筆の場をいただいて、毎月たのしみにテーマを考えて書いたものです。まとめるに当たり、多少の手なおしはしましたが、内容はそのままです。読み返してみて、自分でも、こんなにめまぐるしく変わっている社会の中で、本当に静かなくらし方ができたことを不思議に思いました。

毎日のニュースは、日本がどう変わってしまうのだろうなどと、不安や怒りを感じたり、無力感に心が沈むことが多いし、身辺にはまた、思いもよらないことが起こっていました。病気と向き合わなければならず、生涯の計画もたてなおさなければならなくなった友人たちの多くなってきたこと、親や夫を亡くした人、いま介護まっただ中の人、それぞれの今を、いっしょうけんめい生きています。

私はすでに家族のみとりを終えて見送っているので、健康というしあわせを大切に、何もなく過ごしていました。自分一人のことを考えていればいい、身軽な立場だからこそのどかに過ごせたのだと思います。

今年は、身内のものや、したしい友人たちから米寿を祝ってもらいました。そんなに長く生きるとは思ってもいないことでしたが、この頃私は、長く生きたものには、ささやかでもいいから、何か人の役に立つことを、人の心の中に残す義務があると、考えるようになりました。

大正、昭和、平成という時代を生きてきた私は、その中で自分が学んだ日本人の生活文化というものを、ほんの少しでも、身辺の人や、書いたものを読んでくださる方の中にとどけたいと思うのです。偉そうなことをいうのではありません。たとえば、年中行事の中にある日本人の心とか、ごはんの炊き方ひとつにも、深い知恵が受けつがれてきたことなど、今の若い人には伝わっていない、私たち祖先のくらし方を、話しておかなければと思うようになったのです。そんな気持ちのあらわれとして、書かせてもらったことが、この一冊の中にはあると自分では思っています。

「もったいない」という、ものをいつくしむ心をあらわす言葉が、外国の人によって再認識させられた現在のくらしを、もう一度考えてみるきっかけを、この本の中から探し出していただければ、うれしい限りです。そしてまた、平凡な日々を生きられることのしあわせを考えていただければ、とも思います。

この本のためお力添えをいただいた編集部の高橋与実さん、秋篠貴子さんに感謝いたします。

吉沢久子

初出
月刊『清流』
平成十五年五月号〜平成十八年四月号

ていねいな暮らし
――ここちよい生活歳時記

二〇〇六年十月三十日［初版第一刷発行］
二〇一三年四月二日［初版第二刷発行］

著者――吉沢久子

発行者――藤本健太郎
発行所――清流出版株式会社
東京都千代田区神田神保町三―七―一　〒一〇一―〇〇五一
電話　〇三（三二八八）五四〇五
振替　〇〇一三〇―〇―七七〇五〇〇
〈編集担当・秋篠貴子〉
印刷・製本――図書印刷株式会社
乱丁・落丁本はお取り替えいたします。
ISBN978-4-86029-179-2

http://www.seiryupub.co.jp/